액션러닝 매뉴얼

수업 설계와 진행을 위한 길잡이

고수일 저

ACTION LEARNING MANUAL

학지사

오늘날의 교육은 혁신적인 변화를 요구받고 있습니다. 기존의 교수자 중심 교육 방식만으로는 창의적이고 융합적인 인재를 요구하는 사회적 기대를 충족시키기 어렵습니다. 이제는 학생들에게 수업의 주체로서 능동적으로 사고하여 문제를 해결하고, 실제 경험을 통해 배움을 내면화할 수 있는 학습 환경을 제공해야 합니다.

이러한 배경에서 많은 교육자가 학습자 중심의 접근 방법과 실질적인 맥락을 기반으로 한 교수법을 탐구하고 있으며, 그중에서도 '액션러닝(action learning)'은 현대 교육의 요구에 부합하는 효과적인 방법으로 주목받고 있습니다. 그러나 액션러닝에 대한 관심에도 불구하고, 이를 올바르게 이해하고 실천하는 데는 여전히 많은 도전이 필요합니다. 액션러닝이 종종 아이스 브레이크나 활동 중심 수업과 혼동되거나, 러닝코치의 역량에 따라 그 효과가 크게 달라지는 경우를 자주 목격합니다. 또한 액션러닝에 대한 충분한 학습 기회를 찾기 어렵고, 관련 전문 서적이 이해하기 어렵게 서술된 경우가 많아, 실제 현장에서 이를 활용하려는 교수자들이 다소 망설이는 현실입니다.

이 책은 바로 이러한 고민과 필요성에서 출발하였습니다. 교육 현장에서 누구나 쉽게 액션러닝을 이해하고 적용할 수 있도록 실천적 가이드 중심의 매뉴얼 형식으로 구성하였습니다. 액션러닝의 기본 개념부터 실천 방법, 그리고 효과적인 운영을 위한 팁까지, 이 책은 교수자들에게 실질적이고 유용한 길잡이가 될 것입니다.

이 책은 저자가 장경원 교수와 공저한 『액션러닝으로 수업하기』의 교수자 매뉴얼판 성격을 가지고 있습니다. 따라서 내용상 일부 중복되는 부분이 있을 수 있고, 다양한 학습 도구나 평가 방법 등은 이 책에서 생략하였습니다. 보다 세부적이거나 보완적인 내용이 필요하다면 『액션러닝으로 수업하기』를 참고하시기 바랍니다.

이 책의 구성은 다음과 같습니다. 제1장 액션러닝의 기초에서는 액션러닝의 기본 개념과 핵심 프로세스를 살펴보고, 효과적인 질문 기술과 토의 방법을 다룹니다. 제2장 액션러닝 단계에서는 학습팀을 구성하는 과정부터 문제의 정의, 정보수집 및 분석, 해결안 도출, 실행 및 성찰에 이르는 주요 단계를 소개합니다. 마지막으로 제3장 액션러닝 실전에서는 단계별 활동 개요와 다양한 유형의 과제로 진행된 수업 사례를 통해, 교수자들이 액션러닝을 실제 교육 현장에서 효과적으로 활용할 수 있도록 돕습니다.

부디 이 책이 액션러닝에 관심 있는 교수자들에게 실질적인 도움을 주고, 교육 현장에서 보다 의미 있는 학습 경험을 설계하는 데 기여할 수 있기를 바랍니다.

2025년 7월

고수일

차례

Action

01
액션러닝의 기초

액션러닝은 학생들이 실제 과제를 해결하는 과정에서 학습을 촉진하는 참여 중심의 교육 방법이다. 이 장에서는 액션러닝의 기본 개념과 핵심 프로세스를 살펴보고, 효과적인 질문 기술과 토의 방법을 다룬다. 이를 통해 교수자는 학습자의 적극적인 참여를 유도하고, 과제기반학습을 효과적으로 설계할 수 있는 기초를 다질 수 있다.

Learning

1
액션러닝이란

핵심 POINT

- 액션러닝은 과제해결을 위해 모인 구성원들이 실제 과제를 해결하거나 해결 방안을 도출하는 과정에서 질문과 성찰을 통해 학습이 이루어지는 학습 방법이다.

- 액션러닝의 공식: 학습 = 지식 + 질문 + 성찰
  이 공식에서 보듯, 질문과 성찰을 학습의 핵심 수단으로 강조한다는 점이 다른 교수법과 구분되는 액션러닝의 특징이다.

- 액션러닝 수업에서 교수자는 러닝코치로서 질문과 성찰을 통해 학습자들의 과제 수행을 촉진하면서 그 과정에서 학습이 이루어질 수 있도록 해야 한다.

액션러닝의 구성요소

액션러닝의 본질을 추구하기 위해 필요한 구성요소는 과제, 학습팀, 실행 의지, 과제와 해결 과정에 대한 지식 습득, 질문 · 성찰 · 피드백, 러닝코치 등 여섯 가지다.

[그림 1-1] 액션러닝의 여섯 가지 구성요소

과제 액션러닝의 중요한 특징 중의 하나는 교육에 참여하는 개인 또는 팀이 실제 과제를 다룬다는 점이다. 과제는 개인이나 조직에서 꼭 해결해야 할 중요한 가치를 가진 과제여야 하며, 가상으로 만든 과제가 아니라 실제 과제여야 한다. 과제는 팀 구성원들이 하나의 과제를 함께 해결하는 팀 과제와 팀 구성원 각자가 자신의 과제를 해결하는 개인 과제로 나눌 수 있다.

학습팀 과제는 팀 과제든 개인 과제든 학습팀을 구성하여 팀원들이 협업을 통해 과제를 수행해야 한다. 학습팀은 집단지성이 이루어질 수 있도록 다양한 시각과 경험을 가진 사람들로 구성한다.

실행 의지 실행 의지란 최종 산출된 결과가 궁극적으로 실행으로 이어져야 한다는 뜻이다. 실행을 통해 자신들의 해결안에서 잘

된 점과 부족한 점이 무엇인지 등에 대해 성찰하면서 학습이 이루어질 수 있기 때문이다. 또한 해결안이 실행으로 연결될 수 있다는 것은 학습팀으로 하여금 더욱 열정적이고 창의적으로 과제해결을 위해 노력하려는 동기를 유발할 수 있다.

과제와 해결 과정에 대한 지식 습득 액션러닝을 통해 학습자들은 과제와 관련된 지식뿐만 아니라 다양한 과제해결 기술, 리더십, 커뮤니케이션, 프로젝트 매니지먼트 역량 등을 개발한다.

질문 · 성찰 · 피드백 액션러닝은 과제를 통해 학습을 도모하는 방법인데, 그 주요 수단은 질문 및 성찰이다. 즉, 학습팀은 과제해결 과정에서 질문 및 성찰, 피드백을 통해 해결안을 도출하면서 학습이 이루어진다.

러닝코치 러닝코치는 학습팀원들이 과제를 해결하는 데 필요한 효과적인 질문, 성찰 및 피드백을 통해 과제해결의 내용적 측면뿐만 아니라 프로세스 측면에서도 학습이 이루어지도록 도와주는 역할을 한다.

교수자와 학습자의 역할

액션러닝 수업에서 교수자는 러닝코치로서 과제 수행의 촉진자 역할을 해야 하며, 학습자는 과제 수행의 능동적인 주체자로서의 역할을 해야 한다(참고 〈표 1-1〉).

구체적으로 러닝코치의 주요 역할은 다음과 같다.

과제해결 촉진자 과제의 주제와 범위를 선정하고, 과제해결 과정에서 학습자와 최대한 상호작용을 하면서 학습자들이 과제해결을 잘 수행할 수 있도록 도와준다. 이 과정에서 교수자는 모든 것을 자신이 설명하고 이끄는 것이 아니라 학습자들이 스스로 답을 찾을 수 있게 적절한 질문을 던지는 것이 중요하다.

학습 촉진자 교수자는 과제의 결과물뿐만 아니라 과제해결 과정에서 기대한 학습이 이루어지는지 확인하면서 학습 과정을 촉진해야 한다.

분위기 조성자 교수자는 학습자를 존중하고 학습자가 주도적으로 과제를 수행할 수 있도록 자신감 및 동기를 형성하여 의욕적인 분위기를 조성해야 한다.

액션러닝에서 학습자에게 요구되는 역할의 핵심은 주도성이다. 학습자는 수동적인 청취자가 아니라 적극적인 참여자가 되어야 한다. 학습자는 과제 수행의 주체자로서 교수자의 도움에 의존하기보다는 주도적으로 과제를 해결하고, 맡은 역할을 충실히 하며 그 과정에서 과제와 관련된 지식과 과제해결 기술을 학습하게 된다.

이처럼 액션러닝이 소기의 목적을 달성하기 위해서는 교수자와 학습자의 역할에 대한 올바른 이해를 바탕으로 학습자들이 주도적으로 과제를 수행할 수 있는 분위기 속에서 액션러닝이 진행되어야 한다.

〈표 1-1〉 액션러닝의 올바른 모습과 잘못된 모습

구분	올바른 모습	잘못된 모습
교수자의 역할	학습자가 문제를 주도적으로 해결하도록 질문과 코칭을 통해 과제해결 과정을 촉진함	학습자 대신 문제를 정의하거나 해결책을 직접 제시하며, 과제해결 과정에 과도하게 개입함
학습자의 태도	적극적으로 참여하며 스스로 문제를 해결하려는 주도적인 태도를 가짐	교수자의 지시에 의존하며 수동적으로 행동함
팀워크와 협업	학습팀원들이 서로의 관점을 존중하며 협력하고, 다양한 아이디어를 바탕으로 해결책을 탐구함	과제를 학습팀을 구성하지 않고 각자 해결하거나 팀원 간 의사소통과 협업이 부족함
실행과 적용	과제를 통해 실제 상황에서 해결안을 실행해 보고 그 결과를 분석함	계획만 세우고 실행에 옮기지 않거나 실행 결과를 검토하지 않음
성찰 과정	과제해결 과정과 결과를 성찰하며 배운 점과 개선점을 도출하고 공유함	성찰 과정 없이 결과만 중시하거나 과제 수행 후 학습한 내용을 정리하지 않음
학습자 성장	학습자가 과제 관련 지식 습득뿐 아니라 과제해결 능력, 협업 능력 등에서 성장한 것을 스스로 인식하고 이를 공유함	과제 수행이 단순한 결과 제출로 끝나며 학습자가 자신의 성장이나 배움을 경험하지 못함

액션러닝과 프로젝트기반학습(Project-Based Learning)의 차이

프로젝트기반학습이라 칭할 수 있는 학습법은 매우 다양하다. 액션러닝을 비롯해 탐구기반학습, 문제기반학습, 팀기반학습, 디자인싱킹, 캡스톤디자인 등이 모두 프로젝트기반학습에 해당한다고 할 수 있다. 즉, 액션러닝은 프로젝트기반학습을 위한 한 가지 유형으로 볼 수 있다.[1]

다만, 프로세스 측면에서 두 교수법의 차별성을 말한다면, 액션러닝은 다른 교수법들에 비해 학습 과정 전반에 걸쳐 질문과 성찰 등 교수자의 학습 코칭 역할을 중요하게 강조한다는 점이다.

어떤 교수법이든 학습자의 과제 수행 과정에 이러한 성찰과 질문을 비롯한 교수자의 코칭 역할이 발휘된다면 학습 효과가 더욱 높아진다. 바로 이 점이 액션러닝의 매력이 아닐까 생각한다.

1) 자세한 내용은 장경원(2023)을 참고할 것.

액션러닝 프로세스

하나의 과제 결과물을 도출하기 위해서는 몇 가지 단계를 거친다. 액션러닝의 특징을 잘 보여 주는 프로세스는 [그림 1-2]와 같다. 즉, 액션러닝은 과제 수행 단계별로 '계획 → 실행 → 성찰 → 학습'의 사이클을 반복하면서 진행된다.

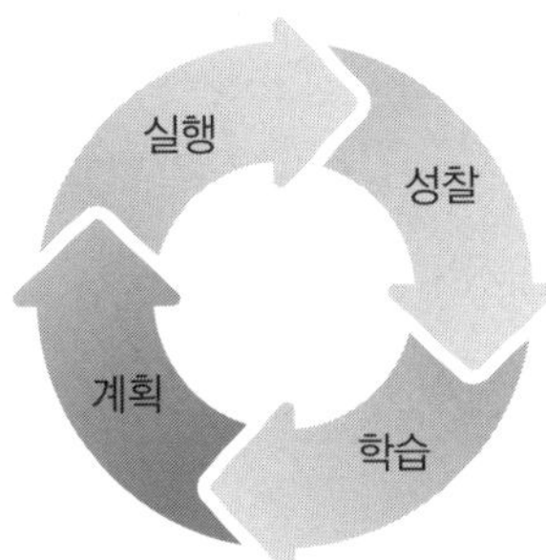

[그림 1-2] 액션러닝 프로세스

과제 수행 단계별로 내용을 살펴보면, 문제가 무엇인지 명료화하거나 정의를 내린 후, 관련 정보들을 수집하여 분석하고, 이를 기초로 아이디어를 구상한 후 해결안이 도출되면 실행에 옮기는 단계를 거친다. 이러한 단계는 순차적으로 진행되고 일회성으로 완료될 수도 있지만 좀 더 완성도 높은 결과물을 얻기 위해 반복 실행 혹은 피드백 과정을 거칠 수도 있다. 단계별로 하나씩 살펴보자.

◆ 문제의 정의

어떤 문제를 해결하거나 유형의 산출물을 창조하려고 할 때 가장 먼저 해야 할 일은 그것이 무엇인지 구체적으로 정의하는 일이다. 어떤 문제가 우리 앞에 놓여 있는지, 왜 그 문제를 해결해야 하는지, 그 문제와 관련된 현재 상태가 어떠하며, 그것이 지향하는 목표 상태는 무엇인지 등을 밝히는 것이다. 문제의 정의는 이후의 문제해결 과정에서 원하는 상태의 결과물을 위한 가이드 역할을 하게 된다.

◆ 정보수집 및 분석

문제해결에 필요한 자료와 정보를 수집 및 분석하는 단계이다. 문제와 관련된 정보를 얻기 위해 잠재 수요자나 문제와 관련된 이해관계자들을 대상으로 인터뷰, 설문 조사 등을 실시하거나 관련 자료들을 충분히 수집한 후 분석한다.

◆ 해결안 도출

수집된 정보들을 기초로 해결안 또는 최종 결과물을 도출하는 단계이다. 자유로운 분위기 속에서 다양한 아이디어를 도출하는 방법을 통해 팀원들의 창의성이 촉진될 수 있도록 해야 한다. 도출된 아이디어들은 일정한 기준에 의해 평가한 후 최종 해결안을 제시한다.

◆ 실행 및 성찰

최종 해결안을 실행에 옮기고 학습자들은 그동안의 과제해결 과정에서 배우고 느낀 점 등을 성찰한다.

이러한 액션러닝 프로세스는 과제의 성격에 따라 다소 달라질 수 있다. 예컨대, 어떤 과제를 해야 할지 아무런 정보가 없는 상태라면 문제의 정의 이전에 기초적인 정보수집부터 할 수 있다. 문제의 정의 이후의 프로세스도 한 번으로 끝날 수도 있지만 과제에 따라서는 계획–실행–성찰의 반복으로 진행될 수 있다. 예컨대, 1차 해결안을 실행한 후 그 결과에 따라서 2차, 3차 실행을 할 수 있다.

개인 과제형 과제의 프로세스

팀원별로 각자의 과제를 수행하는 개인 과제형 과제의 경우는 다음과 같이 진행될 수 있다. 1단계에서 3단계까지는 1차 모임에서 이루어질 수 있으며, 그다음 모임부터는 4단계를 반복적으로 수행하면 된다.

1단계		2단계		3단계		4단계
문제의 정의	➡	해결안 모색	➡	실행 계획 발표 및 공유	➡	실행 내용 발표 및 해결안 모색 프로세스(반복)

* 자세한 절차는 이 책 p. 129 이후를 참고.

2
액션러닝 과제

핵심 POINT

- 액션러닝은 과제에서 시작한다. 액션러닝에서의 학습은 과제해결 과정에서 이루어지므로 과제는 학습을 위한 의미 있는 기회를 제공해야 한다.
- 학습팀은 한 개의 과제를 해결할 수도 있고(팀 과제), 팀 구성원들이 각자의 개인 과제를 가지고 와서 팀 구성원들의 도움을 받으며 과제를 해결할 수도 있다(개인 과제). 두 방법을 혼합하여 팀 내에서 소집단을 구성하여 두세 개의 과제를 해결할 수도 있다.

액션러닝 과제의 조건

학교 수업에서 액션러닝을 위한 적절한 과제는 다음과 같은 다섯 가지 기준을 충족하는 것이 바람직하다.

학습 기회 제공 액션러닝의 과제는 학습 목표에 부합하는 내용을 습득할 수 있는 학습 기회를 주는 것이어야 한다. 액션러닝은 과제해결 역량과 대인관계 역량 등 다양한 역량을 개발할 기회를 준다. 그러나 중요한 것은 이 과제가 교수자가 추구하는 학습 목표에 부합하는 학습 기회를 주는지의 여부다. 그래서 과제를 수행하는 과정에서 이 과제가 어떤 학습 기회를 제공할지에 대해 검토하는 것이 중요하다.

중요성 과제는 그 과제와 관련된 개인이나 조직에 중요한 것이어야 한다. 과제가 중요할수록 학습자들은 더 많은 열정과 관심을 가지고 몰입하게 된다. 과제가 중요하지 않거나 너무 단순하면 학습자들에게 도전감이나 사명감이 생기기 어렵다. 이 경우 학습자들은 역량을 최대한 발휘할 기회를 가지지 못하게 되며, 그만큼의 학습 기회를 가질 수 없게 된다. 과제가 중요하지 않으면 과제를 마친 후에도 학습자들이 성취감을 느끼기 어렵다.

비구조성 액션러닝의 과제는 비구조화된 것이어야 한다. 구조화된 과제는 초기 상태와 목표 상태가 명확하게 정의되어 있고, 과제해결을 위한 단일한 해결안과 해결 경로를 가지고 있다. 반면, 비구조화된 과제는 문제와 관련된 상황이나 요소가 분명히 정의되어 있지 않고 과제해결을 위한 정보가 충분히 포함되어 있지 않아 다양한 해결안과 해결 경로를 가지고 있다. 예컨대, 의사결정 문제, 문제해결 문제, 설계 문제의 성격을 가진 과제가 액션러닝의 과제로 적합하다고 할 수 있다.

실제성 과제는 현재 실제 상황에서 실존하는 것이어야 한다. 단지 실습이나 연습 차원에서 무언가를 만들거나 해 보는 것은 실제 과제라 할 수 없다. 그런데 반드시 실제 대상의 문제를 해결하거나 창작하는 것만이 실제는 아니다. 과제의 실제성을 갖추기 위한 방법은 다양하다. 결과물을 교실에서 발표하는 것이 아니라 과제 관련자나 다수의 외부인에게 발표 또는 공개한다면 이 역시 실제 과제가 된다. 예컨대, 문학 감상의 경우에는 블로그와 같은 SNS를 활용하여 네티즌들의 평가를 받게 함으로써 과제의 실제성을 높일 수 있다.

구체적인 결과물 액션러닝의 과제는 구체적인 결과물이 존재해야 한다. 구체적인 결과물이란 반드시 유형의 것만을 의미하지는 않는다. '행동의 변화'나 '관계의 변화' 등 변화된 상태나 결과와 같이 무형의 결과물을 포함하는 개념이다. 학습의 효과는 결과물을 확인할 수 있을 때 높아진다. 구체적인 결과물이 없으면 과제의 성과를 측정하기 어려우며, 그만큼의 학습 기회는 줄어든다. 따라서 과제의 결과는 확인 가능한 것이 바람직하다. 예컨대, '~향상 방안'이라는 제목보다는 '~향상'이라는 결과 중심으로 과제를 정의하는 것이 좋다. '방안'의 경우에도 그 방안이 효과적이라는 것을 증명할 수 있는 정량적 또는 정성적 증거가 있는 것이 바람직하다.

액션러닝 과제 만들기

액션러닝 과제 주제는 크게 세 가지 종류가 있다.

사람과 관련된 과제 어떤 사람(자신이나 타인)의 특성이나 역량 또는 인간관계와 관련된 과제를 말한다. 이 경우에는 목표가 되는 한 명을 선정한 후 이 인물에 초점을 맞추어 변화나 개발을 시도하고 그 결과를 보여 주는 것이 최종 결과물이 된다(예: ○○의 리더십 개발, □□와의 인간관계 개선, 인생 멘토 만들기).

유형의 결과물이 있는 과제 유형의 산출물이 있는 특정 주제를 선정하고 그 결과물을 제시하는 것으로, 창조 · 제작형의 과제다(예: 매뉴얼 만들기, ○○시스템 개발, 보고서 발표).

조직이나 집단과 관련된 과제 어떤 조직(집단)의 문제점을 해결하거나 개선하는 식의 과제다. 이 경우 그 조직(집단)의 목표 상태에 초점을 맞추고 변화를 보여 주는 것이 최종 결과물이 된다(예: 창의적 조직문화 조성, 친화적 교실 만들기).

〈표 1-2〉와 〈표 1-3〉에서 보듯, 다양한 교과목에서 액션러닝의 조건을 상당 부분 충족시키는 과제를 개발할 수 있다. 그러나 액션러닝의 조건은 충족시키기 어려운 분야도 있다. 이 경우 모든 조건을 충족하는 완벽한 액션러닝 과제는 아니지만 앞에서 언급했듯이 최대한 실제성을 높일 수 있는 '액션러닝다운' 과제를 개발해야 한다.

〈표 1-2〉 초 · 중 · 고등학교에서의 액션러닝 과제 예시

과목	과제명	산출물
과학	우리 팀 전기 사용량 10% 줄이기	전기 사용량을 줄이기 위한 전략 및 이를 실천한 결과
사회, 영어	'독도는 우리 땅'을 알리는 블로그 운영하기	'독도는 우리 땅'에 대한 글 작성 및 외국인이 작성한 것 포함한 댓글
	뉴스 만들기	주요한 이슈에 대해 제작된 뉴스 및 뉴스를 본 시청자들의 소감
국어	릴레이 소설 쓰기(위키 또는 스프링노트 활용)	완성된 소설 및 독자평(우리 반 또는 다른 반 학생들의 의견)
국어, 영어	자서전 쓰기	자신 또는 타인에 대한 자서전
영어	상황별 대화 만들기	상황별 대화를 동영상으로 만들어 유튜브에 업로드
기술, 가정	부모님과 의사소통 잘 하기	부모님과 의사소통을 잘 하기 위한 전략 및 이를 실천한 결과
	일회용품 사용 줄이기	일회용품 사용을 줄이기 위한 전략 및 이를 실천한 결과
미술	학교 벽면(또는 일정 공간)에 그림 그리기	학교 벽면(또는 일정 공간)에 그려진 벽화
체육	건강하고 멋진 몸 만들기	팀원 모두의 건강 상태가 증진된 증거자료(근육량, 체중 등의 변화 결과) 및 성찰 내용

출처: 장경원, 고수일(2010).

〈표 1-3〉 대학에서의 액션러닝 과제 예시

과목	과제명	산출물
교육 방법 및 교육공학	○○○ 교수님의 교수법 개선하기	해당 교수님을 위한 수업 설계 및 운영 전략 보고서
영상매체 발달	영상매체를 통한 전주시 이미지 향상 방안	공모전 응모
아동 · 청소년 도서	우수 도서 목록 만들기	장르별 추천 도서 목록
친환경 농업	친환경 농산물 소비 촉진 아이디어 고안하기	전북특별자치도 공모전 응모
기초 일본어	테마별 어휘 익히기	특정 상황에서의 롤플레잉 후 유튜브에 업로드
전기 · 전자 기초 실험	전기 · 전자 시스템 개발하기	공모전 응모 또는 특허출원서
자원봉사론	신임 사회복지사를 위한 자원봉사자 관리지침서 개발하기	관리지침서
자기관리	대학생을 위한 자기관리 프로그램 개발하기	자기관리 프로그램
한국경제론	우리나라 물가, 고용, 환율, 금리, 주식 중 하나를 택하여 현황과 전망 알아보기	관련 정보를 수집(인터뷰 포함) · 분석하고 신문 또는 외부에 기고/발표
기업 영어	무역 운송 서류 작성 시 필요한 체크리스트 작성하기	무역 관련 기관을 방문하여 실제 무역 거래에서의 주요 서류 내용을 이해하고 주의사항 파악

조직행동론	기업이나 동아리의 문제점 분석 후 개선(방안)	개선된 상태, 또는 과제 관련 자로부터의 피드백
간호관리학	협심증 환자를 중심으로 환자 교육 자료 표준화하기	표준화 매뉴얼
발표와 토론	자신의 논지를 담은 글을 지역 신문사에 투고하기	신문사 기고 또는 블로그에 올리기
인사관리	특정 기업의 인사제도 연구하기	인사제도 개선 방안
사회인과 대인관계	관계 계좌가 마이너스인 사람을 선정하여 이 관계 계좌를 플러스로 바꾸어 나가는 실행 계획을 수립하여 실천하기	실행 후 결과 발표
댄스스포츠	다문화가정 아이들 초청하여 공연 작품 기획하기	다문화가정 아이들을 초청하여 공연

출처: 장경원, 고수일(2010).

3
질문

핵심 POINT

- 교수자가 러닝코치로서의 역할을 하기 위한 핵심 수단은 질문이다.
- 과제 수행 단계별로 해야 할 일들을 교수자가 가르치거나 지시하기보다는 효과적인 질문을 통해 학습자들이 스스로 답을 찾도록 코치하고 학습이 이루어질 수 있도록 촉진해야 한다.

질문의 효과

질문은 단순히 정답을 구하기 위한 것이 아니다. 위대한 대답은 위대한 질문에서 나온다. 학습자는 질문에 대답하는 과정을 통해 자신이 알고 있는 것을 명확히 할 수 있으며, 새로운 관점과 깊이 있는 사고를 발전시킬 수 있다.

액션러닝 과정에서 좋은 질문은 적어도 두 가지 효과가 있다.

질문은 관점을 변화시키거나 다양한 관점을 낳는다. 예를 들면, '어떻게 내가 우리 팀에서 최고가 될 수 있을까?'라는 질문을 '어떻게 내가 우리 팀을 위해 최고가 될 수 있을까?'로 바꾸면 답을 위해 필요한 가정이 '경쟁'의 개념에서 '가치 있는 공헌'의 개념으로 바뀌게 된다. 아이디어 탐색 단계에서 효과적인 질문은 아이디어를 촉진할 수도 있고, 관점을 전환시킬 수도 있다. 예컨대, '그들이 진정 원하는 것은 무엇이라고 생각하나요?'와 같은 질문은 목표 대상자들의 보다 근본적인 니즈를 생각하게 한다.

질문은 참여를 촉진한다. 질문은 팀 활동이 원활히 이루어질 수 있도록 하기 위해 중요하다. 아무런 질문도 던져지지 않은 채로 토의가 진행된다면 팀원들은 다른 사람의 의견을 수동적으로 받아들이는 태도와 분위기에 빠질 수 있으며 아이디어의 발전도 기대하기 어렵다. 누군가 질문을 던지면 그 질문에 대한 답을 찾는 과정에서 팀원들의 참여적 태도가 더욱 촉진되는 효과가 있다.

단계별 질문

과제 단계별로 교수자가 던질 수 있는 효과적인 질문들은 〈표 1-4〉에 정리되어 있다. 단계별로 모든 질문을 해야 하는 것은 아니다. 이들 질문 중에서 상황에 적절한 질문을 던지면 학습자들은 이러한 질문에 대해 생각하거나 답하는 과정을 통해 무엇을 해야 하는지 답을 찾을 수 있을 것이다. 예컨대, 학습팀이 해결안을 제시하였을 때 '그것을 실행한다면 어떤 장애 요인(어려움)을 예상할 수 있을까요?'라는 질문을 던지면 그 해결안의 실행 과정에서 발생할 수 있는 어려움을 생각하게 하여 보다 실현성 있는 해결안을 도출하게 하는 데 도움이 된다.

질문 중심의 학습자 참여적인 수업 분위기를 형성하기 위해서는 다양한 사고를 촉진시키는 교수자의 개방적 태도 역시 중요하다. 학생들은 교수자가 던지는 질문의 내용뿐만 아니라, 교수자의 태도에도 반응한다. 질문을 던졌는데도 학생들이 적극적으로 반응하지 않는다면 태도에 문제가 있었던 것은 아닌지 살펴봐야 한다. 학생들의 대답에서 정답을 판단하기보다는 왜 그렇게 생각하는지, 그것이 중요한 이유는 무엇인지 등 〈표 1-5〉와 같이 후속 질문을 던지면서 학생들의 생각을 끌어내려는 노력이 필요하다.

Teaching Tip 질문하는 것이 어렵다면……

이처럼 상황별로 적절한 질문을 직접 던지는 대신, 이 책의 제2장에 소개된 단계별 토의 양식과 진행 방법을 활용하면 보다 구조화된 방식으로 여러 학습팀을 동시에 진행시킬 수도 있다.

*토의 양식을 설계하는 방법은 장경원, 고수일(2010)을 참고.

〈표 1-4〉 단계별 질문의 예시

단계	질문
팀 구성	• 우리가 어려움에 부딪혀도 포기하지 않도록 에너지를 주는 것은 무엇인가요? • 우리의 강점은 무엇인가요? • 팀을 하나로 묶기 위해서는 무엇을 해야 하나요?
과제의 범위를 조정하고 파악할 때	• 여러분이 성취할(성취하고 싶은) 일은 무엇인가요? • 가장 관심이 가는 분야는 무엇인가요? • 가장 중요하다고 생각하는 요인은 무엇인가요? • 우리가 살펴볼 수 있는 또 다른 측면은 무엇인가요?

계획 및 목표를 설정할 때	• 그것을 달성하는 최선의 방법은 무엇인가요? • 우리는 과제를 어떻게 수행해야 한다고 믿나요? • 왜 그것을 해야 하나요? (왜 그것이 중요하나요?) • 우리가 할 수 있는 일은 무엇인가요? • 계획대로 진행될 경우, ~의 미래는 어떤 모습이 되나요? • 권한이 있다면 무엇을 바꾸고 싶나요? • 왜 이것(이 과정)이 중요한가요?
탐색이나 분석을 촉진할 때	• 이러한 현상이 발생하는 원인이 무엇인가요? • ~라고 말했는데, 그 이유가 뭐라고 생각하나요? • 이것은 결국 어떤 영향을 미치나요? • 그렇게 한다면 어떤 결과가 발생하나요? • 그들이 (진정) 원하는 것이 무엇이라고 생각하나요? • ~을 위해 우리가 살펴보아야 할 사항들은 무엇인가요?
학습을 유도할 때	• 그 대안의 장단점은 무엇인가요? • 그것을 실행한다면 어떤 장애 요인(어려움)을 예상할 수 있나요? • 그 장애 요인을 어떻게 극복할 수 있나요? • 그러한 결론이 기초로 하는 가정은 무엇인가요? • 그 가정이 옳다는 것을 어떻게 아나요(검증하나요)? • 어떤 결론을 이끌어 낼 수 있나요? • 그 사실은 무엇을 시사(의미)하나요? • 우리가 알아야 할 것은 무엇인가요? • 그것을 뒷받침할 수 있는 이론적 근거는 무엇인가요? • 그것을 확인하기 위해 무엇을 학습해야 하나요?
새로운 시각을 촉진할 때	• 왜 그렇게 생각하나요? • 그 문제를 다른 관점에서 볼 수 있나요? • 만약 ~한다면 어떻게 되나요? (만약 ~라면 어떻게 할 것인가요?) • 그것을 다른 방식으로도 할 수 있나요? • 우리가 생각할 수 있는 다른 대안은 무엇인가요?

과제 마무리 이후에 성찰할 때	• 과제를 수행하면서 무엇을 배웠나요? • (그러한 경험을 통해) 우리가 배울 점은 무엇인가요? • 어떤 성과를 얻었다고 생각하나요? • 그 대안이 어떤 점에서 실질적으로 도움이 될 것이라고 생각하나요? • 당신은 이 과제에 어떻게 기여했나요? • 이 과제를 다시 시작한다면 바꾸고 싶은 점은 없나요? • 과제 목표를 충분히 달성했다고 생각하나요? (예/아니요) 어떤 점에서 그런가요? • 그 과제를 해결하기 위해(그 결과물을 얻기 위해) 살펴본 점은 무엇인가요? • 과제 수행 과정이나 결과물에서 잘했던 것이 무엇인가요? • 도출된 해결안이 질적으로 어떻다고 생각하나요? • 과제가 우리의 학습에 도움이 된 것은 무엇인가요? (가장 가치 있는 학습은 무엇이었나요?) • 팀 활동 경험에서 무엇을 배웠나요? • 과제를 통해 배운 점을 어디에 활용할 수 있나요?

출처: 장경원, 고수일(2010).

Teaching Tip **좋은 질문의 방법**

좋은 질문을 던지는 간단한 방법이 있다. 중립적이고 열린 질문(open question)을 하는 것이다. 열린 질문은 질문의 범위가 넓어 다양한 대답을 허용하며 자유롭게 대답할 수 있다. 예컨대, "현장에서 배운 점이 많았나요?" 보다는 "현장에서 무엇을 배웠나요?"라는 질문을 하는 것이다. 또한 상대방이 어떤 생각을 가졌는지 알기 위해서는 질문자의 기대대로 답변하기를 유도하는 질문이 아닌, 중립적 질문(neutral question)을 던져야 한다.

처음부터 상황에 따라 적절하고 좋은 질문을 하는 것이 쉬운 일은 아니지만 중립적이고 열린 질문들은 대부분 좋은 질문일 가능성이 크다. 그리고 이런 질문을 하다 보면 자연스럽게 좋은 질문을 하는 내공이 쌓일 것이다.

〈표 1-5〉 교수자의 역할 비교: 지식 전달자 vs 러닝코치

지식 전달자로서의 교수자	러닝코치로서의 교수자
교수자: 이 팀은 문제의 원인으로 A에만 초점을 맞추었는데, 그 외에 B도 ~라는 점에서 중요한 원인이라고 볼 수 있겠죠? 학생들: 네.	교수자: 문제의 원인을 A 외에 다른 측면에서 찾는다면 무엇일까요? 학생들: B요(또는 C요). 교수자: 그 이유는 무엇이지요?
교수자: 그것과 관련된 정보수집은 어떻게 하는 것이 좋을까요? (0.5초 후) 현장에 있는 사람과 인터뷰를 해야겠죠? 학생들: 네.	교수자: 그것에 관한 정보를 가장 잘 아는 사람은 누구일까요? 학생들: 현장에 있는 사람이요. 교수자: 그럼 무엇을 해야 하죠? 학생들: (여러 가지 답변)
교수자: 이러한 현상들을 살펴볼 때, 우리는 다음과 같은 사실을 알 수 있습니다. 첫째, …… 둘째, ……. 학생들: (받아 적는다.)	교수자: 이러한 현상이 우리에게 주는 시사점은 무엇일까요? 학생 A: A요. 교수자: 좋아요. 또 다른 점은? 학생 B: B요.

4
유용한 토의 방법

핵심 POINT

- 팀 토의를 하다 보면 말하는 사람만 말하는 모습을 흔히 볼 수 있다. 회사 같은 곳에서 다양한 직위의 사람들이 모여 토의하면 직위가 토의를 지배하기도 한다. 팀 토의에서 집단지성을 기대하기 위해서는 모든 사람이 토의 과정에 참여하고 의견을 체계적으로 정리해야 한다.

- 명목집단법과 유목화를 활용하면 액션러닝을 비롯한 학생 참여형 교수법에서 토의를 진행할 때 매우 효과적이다.

명목집단법

명목집단법(nominal group technique)은 집단 구성원으로부터 아이디어나 정보를 모으는 구조화된 절차로, 집단의 모든 구성원이 다른 구성원의 영향을 받지 않고 자신의 아이디어를 표현할 수 있는 방법이다.

명목집단법은 집단에서 토의를 하기 전에 토의에 참여한 개개인이 다른 사람과 이야기하지 않고(침묵 속에서) 토의 주제에 대한 자기 생각을 분임 토의 양식 또는 카드 등에 정리할 수 있도록 일정한 시간을 부여하는 방법이다.

명목집단법 활용법은 다음과 같다.

① 사회자는 토의 주제를 제시한다.

② 주제에 대한 자신의 의견이나 아이디어를 각자 포스트잇에 적는다. 이때 아이디어를 떠올리고 적을 수 있도록 3~5분 정도의 시간을 주며, 이 시간에는 서로 논의하지 않는다. 아이디어를 작성할 때는 가독성과 이동성을 높일 수 있도록 다음의 사항을 따른다.

- 포스트잇 한 장에 한 개의 개념, 단어, 아이디어만 적는다.
- 모두가 볼 수 있도록 네임펜, 컬러 펜 등을 사용하여 굵은 글씨로 적는다.
- 모두가 잘 읽을 수 있도록 인쇄체로 크게 적는다.
- 팀별, 주제별로 색깔을 구분할 필요가 있을 때는 색깔을 구분하여 적는다.

③ 각각의 의견이 적힌 포스트잇을 벽이나 큰 종이에 붙인다. 이때 특정 의견이 누구의 것인지 밝히지 않는다.

④ 비슷한 내용끼리는 합치면서 내용별로 분류한다. 이때, 팀 리더는 나열된 아이디어 중 의미가 불분명한 것에 대해 작성자에게 설명을 요청한다. 그 뒤에 기록된 모든 의견을 공유하며 논의한다.

⑤ 제안된 아이디어들에 우선순위를 묻는 투표를 하여, 최종적으로 가장 많은 표를 받은 것을 선택한다. 투표 시 다음의 사항을 따른다.

- 팀원들은 가장 바람직한 아이디어가 적힌 포스트잇에 스티

커를 붙이거나 도형을 그려 투표한다.

- 1인당 허용 가능한 투표수는 상황에 따라 적절하게 조정하지만, 대부분의 경우 (전체 아이디어 수/2)−1개 또는 전체 아이디어 수/3개를 적정 투표수로 정한다.

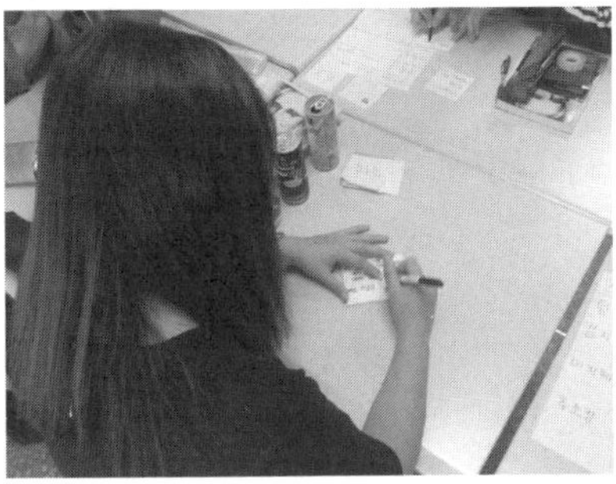

[그림 1-3] 명목집단법으로 작성 후 의견을 공유하는 모습

유목화

명목집단법으로 수집된 아이디어는 유사한 내용끼리 모아 분류할 수 있다. 이를 유목화라고 한다. 분류 기준에 의해 모든 아이디어를 부착 · 게시하면 진행자는 유사한 아이디어를 포괄하는 키워드를 적어 제일 위에 붙인다. 이때 진행자가 키워드를 도출하여 적을 수도 있지만 가능하면 참가자들의 의견을 반영하여 키워드를 정하는 것이 바람직하다. 키워드를 적은 포스트잇을 마름모 모양

이 되도록 45도 회전하여 붙이면 하위 내용들과 구분되어 시각적으로 명료해지는 효과가 있다. 또한 팀원들이 사용한 것과 다른 색깔의 포스트잇을 사용하면 키워드와 의견을 구분하는 시각적 효과를 줄 수 있다.

내용을 정리한 다음, 전체 참가자에게 추가할 의견이 있는지 묻고, 만일 추가할 의견이 있다면 의견을 추가로 기록하여 부착한다. 도출된 아이디어 중 몇 개를 선택해야 할 경우에는 아이디어들을 모두 정리한 후 투표용 스티커를 이용하여 중요하다고 생각되는 아이디어에 투표한다.

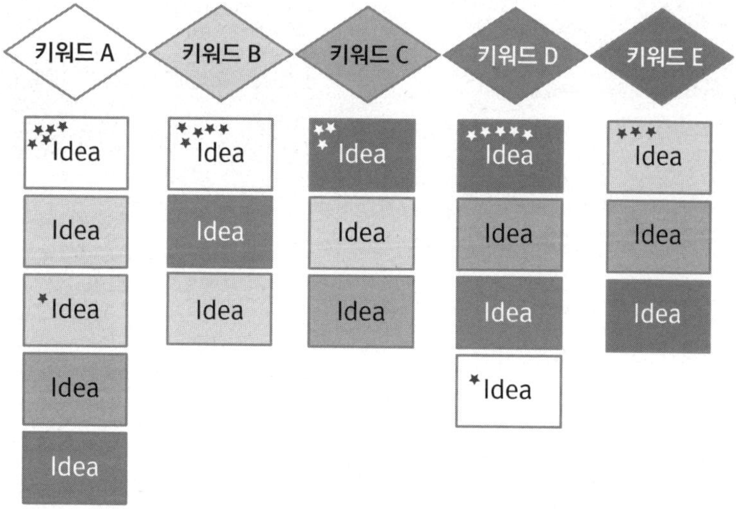

[그림 1-4] 아이디어 유목화하기

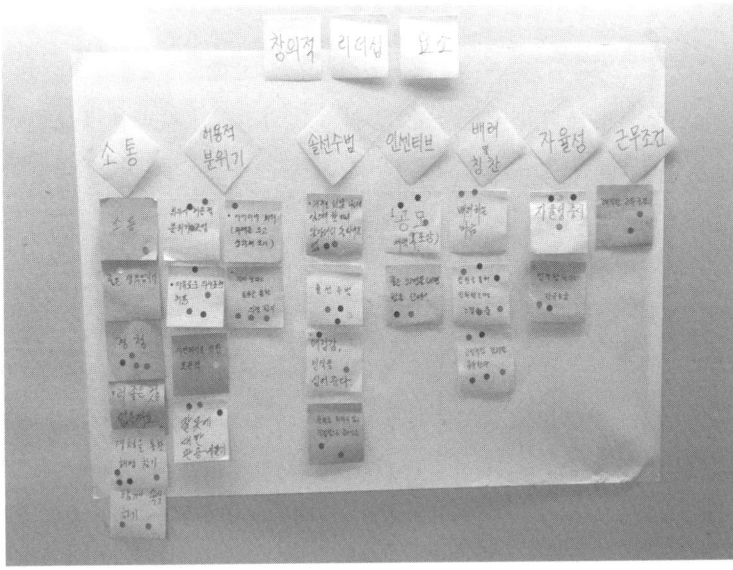

[그림 1-5] 창의적 리더십에 필요한 요인들을 유목화한 결과

명목집단법과 유목화 기법을 활용한 토의에 필요한 준비물: 네임펜, 포스트잇(76X76mm), 플립차트 또는 2절지(간단한 토의의 경우 A3 용지로도 가능) 등의 용지, 투표용 스티커(네임펜으로 표시 가능)

Teaching Tip **유목화의 장점**

이렇게 유목화를 하면 좋은 점이 무엇일까? 어떤 방안에 대한 아이디어들을 유목화할 경우, 유목화로 도출된 항목들은 그 방안이 포함하고 있는 실행 분야나 주제들을 보여 준다. 예컨대, [그림 1-5]는 창의적 리더십에 필요한 요인들에 대해 아이디어들을 도출한 후 유목화한 결과다. 소통, 허용적 분위기, 솔선수범 등의 핵심 요인들이 도출되었고, 팀원들은 도출된 핵심 요인을 중심으로 최종 실행 방안들을 고민하게 된다.

어떤 경우엔 유목화 결과로 나온 키워드들이 문제해결의 프로세스를 보여 주기도 한다. 예전에 교수자를 대상으로 '좋은 수업을 하는 방법'에 대한 아이디어를 도출한 후 유목화를 실시한 적이 있다. 그 결과, 수업 전 준비 사항, 수업 진행 전략, 수업 후속 조치 등의 프로세스로 키워드가 도출되어 수업단계별 실행 전략을 논의할 수 있었다.

자료수집 후에도 유목화는 매우 유용하게 활용될 수 있다. 문제해결에 도움이 되는 자료들을 수집하고, 이를 참고하여 팀원들이 핵심 내용을 포스트잇에 하나씩 쓰고 유목화하면, 문제해결을 위한 키워드나 콘셉트를 도출할 수 있다.

Action

02
액션러닝 단계

액션러닝은 체계적인 단계를 따라 진행되며, 각 단계는 학습과 문제해결의 효과성을 높이는 데 중요한 역할을 한다. 이 장에서는 학습팀을 구성하는 과정부터 문제의 정의, 정보수집 및 분석, 해결안 도출, 실행 및 성찰에 이르는 주요 단계를 살펴본다. 이를 통해 교수자는 학습자가 문제를 구조적으로 접근하고, 협력과 성찰을 통해 깊이 있는 학습을 경험할 수 있도록 지원할 수 있다.

Learning

1
학습팀 만들기

핵심 POINT

- 학습팀의 성공은 구성원 개개인이 얼마나 창의적이거나 유능한가와 크게 관련이 없다. 팀원들이 가지고 있는 다양한 지식 및 관점의 융합과 시너지 효과를 기대하기 위해서는 팀워크가 중요하다.

- 학습팀이 구성되면 팀별로 팀 이름을 만들고 팀 규칙을 만들도록 안내하여 팀워크를 형성하도록 한다.

학습팀 구성

액션러닝과 같이 과제나 프로젝트를 통한 학습의 효과를 기대하기 위해서는 학습팀을 구성하여 팀원들이 함께 과제를 해결하도록 하는 것이 바람직하다. 팀 학습 과정에서 과제와 관련된 지식 습득이나 과제해결 역량뿐 아니라 리더십, 커뮤니케이션, 갈등관리, 타인과의 협업 역량 등의 개발을 기대할 수 있기 때문이다.

학습팀은 4~6명으로 구성하며, 학습팀을 구성할 때는 과제와 과제해결에 대해 다양한 시각에서 창의적으로 접근할 수 있도록 다양한 경험과 지식을 갖춘 참가자들로 학습팀을 구성하는 것이 바람직하다. 이를 위해 〈표 2-1〉의 팀 편성 조사표를 통해 학생들이 골고루 섞일 수 있도록 팀을 구성할 수 있다.

〈표 2-1〉 팀 편성 조사표 양식

이름:		연락처:	
학과:	학년:	나이:	성별:

질문*	전혀 그렇지 않다.	그렇지 않다.	보통이다.	그렇다.	매우 그렇다.
① 나는 주어진 역할을 충실히 수행한다.					
② 나는 과제를 위한 모임에 적극적으로 참여한다.					
③ 나는 다른 사람을 잘 배려해 준다.					
④ 나는 내 의견을 적극적으로 표현한다.					
⑤ 나는 소집단의 분위기를 즐겁게 할 수 있다.					
⑥ 나는 소집단 활동 시, 회의를 잘 진행할 수 있다.					

* 질문 가운데 ①, ②는 성실성을 묻는 질문인데, 팀 활동에 대한 다짐을 받는 효과가 있다. ③, ④는 성격, ⑤, ⑥은 리더십을 묻는 질문이다.
출처: 장경원, 성지훈(2012).

팀 빌딩

팀 빌딩이란 팀워크를 형성하기 위한 활동을 말한다. 한 학기 동안 팀 활동이 효과적으로 이루어지기 위해서는 팀워크가 매우 중요하다. 학습자들이 서로 서먹서먹해서 팀 분위기가 활기차지 않거나, 함께 뭔가 해 보자는 팀 분위기가 이루어지지 않은 상태에서 팀 과제를 성공적으로 수행하기는 어려울 것이다. 교수자는 학습팀의 팀워크 형성을 위해 팀 이름을 만들고 팀 구성원들이 자발적으로 지키기 위한 팀 규칙을 만들도록 안내하는 것이 바람직하다.

팀 규칙을 만드는 활동은 집단이 앞으로 어떻게 활동할 것인지에 대해 서로 약속하고 분위기를 만들어 나가는 활동이다. 교수자는 팀 규칙의 예시를 보여 주면서 학습팀이 자발적으로 팀 규칙을 정하도록 하는 것이 좋다. 이때 팀 규칙이 실질적인 효과를 내기 위해서는 '적극적으로 참여하기'보다는 '모임에 올 때는 생각을 미리 메모해 오기'처럼 구체적으로 정하는 것이 좋다.

수업 시간에 팀 규칙을 만드는 방법은 다음과 같다.

① 모든 팀원은 포스트잇 한 장에 함께 지켜야 할 세 가지 규칙을 작성한다.
② 포스트잇을 모은 후 투표를 통해 네다섯 가지 팀 규칙을 선정한다.

팀 규칙 예시들

- 토의 중 휴대 전화를 보지 않는다.
- 상대방의 의견을 존중하고 경청한다.
- 자신이 맡은 역할은 반드시 이행한다.
- 토의에 불참 시 벌금 5,000원을 부과한다.
- 각자 맡은 과제는 다른 구성원들이 알기 쉽게 정리하여 출력해 온다.

Teaching Tip 팀워크 촉진 방법

팀이 구성되면 다음 시간까지 팀 빌딩을 하도록 안내한 후 발표하게 할 수도 있다. 발표 내용은 팀원들에 대한 소개, 팀 규칙, 팀 이름, 활동 모습을 인증한 사진 등을 2분 내로 간단히 발표하게 하면 팀 분위기 형성에 도움이 된다.

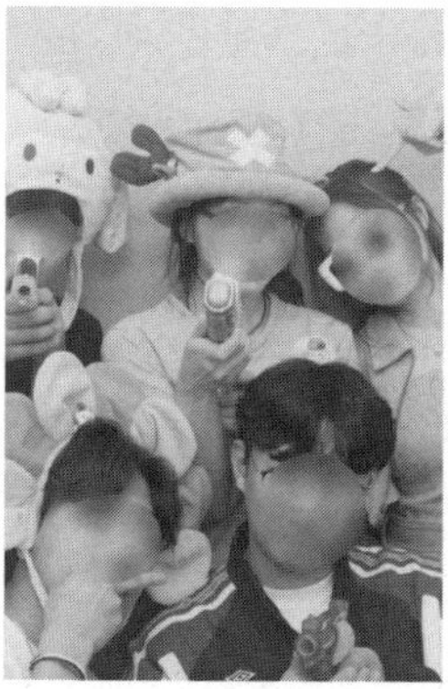

[그림 2-1] 팀 빌딩 활동들

Teaching Tip 협력 동기를 높이기 위해서는……

협력의 중요성을 아무리 나열해도 팀 학습을 하면 무임승차 문제가 흔히 발생한다.

학습자들의 집단 협력 동기를 높이기 위해서는 팀 과제를 통해 자신이 얻을 수 있는 이익에 대해 생각하는 기회를 주는 것이 필요하다. 팀 과제를 통해 개인적으로 얻을 수 있는 보상은 다양하게 생각할 수 있다. 자신의 재능을 발휘할 수 있는 기회이기도 하고 팀원들로부터 인정을 받으며 새로운 것을 배울 수도 있다. 또한 과제를 통한 경험이 자신의 역량 향상에도 도움이 된다.
이를 위해 다음과 같은 활동을 진행할 수 있다.

1. 팀 과제를 수행하면 자신에게 어떤 도움이 될지 포스트잇 한 장에 하나씩 두 장 이상 작성한다.
2. 팀원들이 작성한 것들을 모두 모은 뒤, 유사한 내용별로 분류하고 소제목을 붙인다.
3. 팀별로 발표한다.

(간단한 방법)
1. 팀 과제를 수행하면 자신에게 어떤 도움이 될지 각자 두 개씩 작성한다.
2. 팀원들이 돌아가면서 발표한다.

Teaching Tip **아이스 브레이크**

아이스 브레이크(ice break)는 '마음 열기'로, 서먹한 분위기를 깨고 활기찬 분위기를 만들기 위한 활동이다. 수업에서 토의나 팀 활동을 시작하기 전에 가벼운 아이스 브레이크 활동을 하면 학습자들이 서로 친근하고 편안한 분위기를 형성하는 데 도움이 된다.

일반적으로 다음과 같이 구성원들이 자유롭게 자신의 의견을 이야기하는 것이 어색하고 부자연스러울 때 아이스 브레이크를 권장한다.

- 팀원들이 서로 잘 모르는 경우
- 팀원 대부분이 자유로운 토의에 익숙하지 않은 경우
- 분위기가 경직되어 있거나 가라앉은 경우

그러나 이 같은 상황이 아닌 경우, 토의 때마다 토의 주제와 무관한 아이스 브레이크를 의무적으로 하는 것은 바람직하지 않다. 오히려 토의를 산만하게 할 우려가 있기 때문이다.

특히 간혹 아이스 브레이크를 액션러닝으로 알거나, 액션러닝은 반드시 아이스 브레이크를 해야 하는 것으로 소개하는 경우가 있는데 이는 액션러닝을 잘못 이해한 것이다.

자기소개를 위한 네임텐트 만들기

첫 수업 시간의 아이스 브레이크 활동으로 자기소개를 해 보자.

포럼이나 세미나에서 흔히 볼 수 있는 발표자 명패를 A4 용지로 만들자. 텐트 모양을 하고 있기 때문에 네임텐트(name tent)라 한다. 네임텐트는 접힌 선대로 다시 펼칠 수 있으므로, 수업이 끝나면 교재 사이에 넣어 보관하여 다음 수업 시간에도 다시 사용할 수 있다. 교수자와 학습자가 서로의 이름을 기억하는 데도 유용하다.

(만드는 법)

1. A4 용지를 삼등분한 후 지지대 역할을 할 수 있도록 한쪽 끝을 조금 접는다.

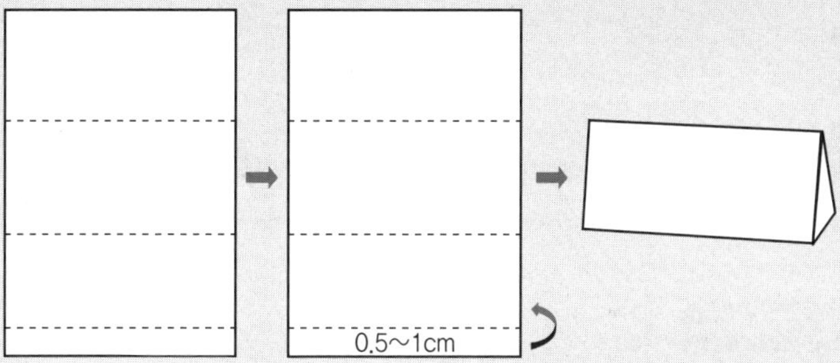

2. 접힌 선을 이용하여 그림처럼 삼각형의 텐트 모양을 만든다.
3. 앞면의 중앙에 자신의 이름을 쓰고, 네 귀퉁이에는 자신을 소개할 수 있는 내용을 쓴다. 교수자 혹은 팀 리더는 자기소개에 필요한 내용을 작성하도록 안내한다.

4. 네임텐트가 완성되면 다른 사람이 잘 볼 수 있도록 네임텐트를 책상 위에 올려놓고, 한 사람씩 자기소개를 한다.

2
문제의 정의

핵심 POINT

- 문제해결은 현재 상태에 대한 올바른 이해에서 출발해야 한다. 즉, 문제해결의 첫 단계는 문제 및 과제를 정의하고 명확히 하는 것이다.
- 문제를 제대로 정의하지 않으면 해결안이 초점을 벗어나 엉뚱한 방향으로 흘러갈 수도 있다. 문제에 대한 명확한 정의는 올바른 방향의 해결안을 안내하는 문제해결 가이드다.

문제를 정의하는 방법

문제의 정의란 과제의 목표와 범위를 명확하게 정하는 것을 말한다. 문제의 정의는 과제의 주제를 정한 후 과제 배경, 목표 상태, 기대효과 등을 명확히 정하여 과제 기술서에 기술하는 것으로 이루어질 수 있다. 또한 과제 기술서를 작성한 이후에도 자료수집 과정을 통해 필요하다면 언제든 일부 수정하거나 내용을 보다 명료하게 다듬을 수 있다.

그런데 해결해야 할 문제나 과제의 주제가 정해지지 않은 상태라면 과제의 주제부터 정해야 한다. 가장 간단한 방법은 팀원들이 각자 과제의 주제를 제시한 후 투표나 논의를 통해 하나의 과제 주제를 정하는 것이다.

만약 주제를 정하기 어렵거나 정보가 부족하여 문제를 발견하기 어려운 경우라면 현황에 대한 진단을 통해 과제 주제를 도출해야 한다. 이때 문제의 발견을 위한 적절한 도구로는 SWOT 분석이나 요구 분석 등을 활용할 수 있다.

Teaching Tip 문제를 신속하게 정의하려면……

좀 더 간단히 진행하고 싶다면, 과제 주제를 정한 후 곧장 과제 기술서(p. 53 이하 참고)를 작성하게 하고, 학습팀 간에 상호 피드백을 통해 수정·보완하게 할 수 있다.

문제를 어떻게 보느냐에 따라 해결 방향도 다르다

학생들에게 어떤 문제 상황을 보여 주고 해결안을 제시하라고 하면 학생들은 먼저 어떤 얘기부터 나눌까? 대개 둘 중 하나다. 원인이 무엇인지에 대해 토의하거나, 해결 방안을 내놓기에 분주하다. 이 상황이 어떤 상황인지, 어떻게 바라봐야 할지 이야기를 나누는 경우는 거의 없다. 학생들은 답을 찾는 데 매우 익숙하다. 초등학생 시절부터 문제를 주면 답을 찾아야 하는, 정답 중심의 학습을 해 온 탓이다. 반면, 현상이나 문제를 올바로 정의하는 일의 중요성은 익숙하지 않게 느껴질 수 있다.

문제를 잘 정의한다는 것은 쉽지 않다. 문제를 잘못 정의하고 잘못된 방향으로 문제를 해결하려는 경우도 흔하다. 다음 예를 보자.

초등학생인 예진이는 잠자리에서 나오지 않으려 한다. 배가 매우 아프다면서 학교에 갈 수 없다는 것이다. 오늘만 그런 것이 아니고 요즘 자주 그렇다. 어제 병원에도 다녀왔지만, 먹은 약이 전혀 효과가 없는 듯하다. 아무래도 큰 병원에 가서 위장 검사라도 받아야 할 것 같다.

위장이 진짜 문제일까? 예진이가 학교에서 무슨 일이 있어서 학교에 가기 싫기 때문은 아닐까? 그렇다면 병원에 가서 위장 검사를 받고, 약을 아무리 먹는다고 해도 문제가 해결되지 않을 것이다. 진짜 문제가 무엇인지 파악하는 것이 중요한 이유다.

문제를 발견하기 위한 도구들

SWOT 분석

SWOT 분석은 어떤 조직의 강점과 약점, 그 조직이 처해있는 환경의 기회 및 약점을 파악하기 위한 도구로서, Strength(강점), Weakness(약점), Oppotunity(기회), Threat(위협) 네 단어의 머리글자를 딴 것이다. 여기서 S와 W는 내부 요인이고, O와 T는 외부 요인이다. 이들 내 · 외부 요인에 대한 분석을 마치면 이 요인들을 고려하여 다음과 같은 전략을 구상한다.

- SO 전략(강점–기회 전략): 강점을 살려 환경의 기회를 이용하는 전략
- ST 전략(강점–위협 전략): 강점을 살려 환경의 위협을 극복하기 위한 전략

- WO 전략(약점–기회 전략): 약점을 극복하면서 기회를 이용하는 전략
- WT 전략(약점–위협 전략): 약점을 극복하면서 위협을 최소화하는 전략

SWOT 분석의 가장 큰 장점은 조직의 내 · 외부 현황 및 환경을 동시에 파악할 수 있다는 것이지만 두 가지 유의할 점이 있다.

첫째, 강 · 약점 분석과 외부 환경 분석만으로 그쳐서는 안 된다. SWOT 분석의 초점은 강 · 약점과 외부 환경을 고려해서 전략을 도출해 내는 데 있다. 강 · 약점과 외부 환경 요인들을 빠짐없이 모두 고려해야 하는 건 아니다. 이들 요인 가운데 전략으로 활용할 수 있는 부분들을 최대한 찾아보는 것이다.

둘째, SWOT 분석에 의한 전략들을 보면서 '잘하는 분야는 기회를 살려 더 잘하고, 못하는 분야는 위협을 극복해서 잘하자.'라는 식으로 마무리하면 곤란하다. 이들 전략을 보면서 새로운 시사점이나 극복 전략을 도출할 수 있는지도 살펴보아야 한다. 예컨대, 강점–위협 전략이 강점–기회 전략이 될 수 있는지, 약점–위협 전략을 강점–기회 전략으로 극복할 수 있는지 등의 질문을 던져 본다면 내 · 외부 환경을 새로운 관점에서 바라보고 더욱 의미 있는 전략을 도출할 수 있다.

SWOT 분석은 방법론적으로 간결하고 응용 범위가 넓은 일반화된 분석 기법이기 때문에 비즈니스 분야뿐 아니라 다른 여러 분야에서 널리 사용되고 있다. 조직 전체 차원에서 SWOT 분석을 한다

면 조직의 중장기 전략을 도출하는 데 도움이 된다. 하나의 소집단이나 개인 차원에서도 SWOT 분석은 실행 계획을 수립하는 데 유용한 방향을 알려 줄 수 있다.

팀원들이 내부 요인과 외부 요인에 대한 분석을 마치면 이를 기초로 전략들을 작성하게 된다. 이들 전략 가운데 논의와 투표를 통해 학습팀이 실행에 옮길 만한 과제를 선정하고 문제해결 과정으로 이어질 수 있다.

〈표 2-2〉 SWOT 분석 양식

<table>
<tr><td colspan="3" rowspan="3"></td><td colspan="2">외부 요인</td></tr>
<tr><td>기회</td><td>위협</td></tr>
<tr><td>1.
2.
3.</td><td>1.
2.
3.</td></tr>
<tr><td rowspan="2">내부 요인</td><td>강점</td><td>1.
2.
3.</td><td>강점-기회 전략</td><td>강점-위협 전략</td></tr>
<tr><td>약점</td><td>1.
2.
3.</td><td>약점-기회 전략</td><td>약점-위협 전략</td></tr>
</table>

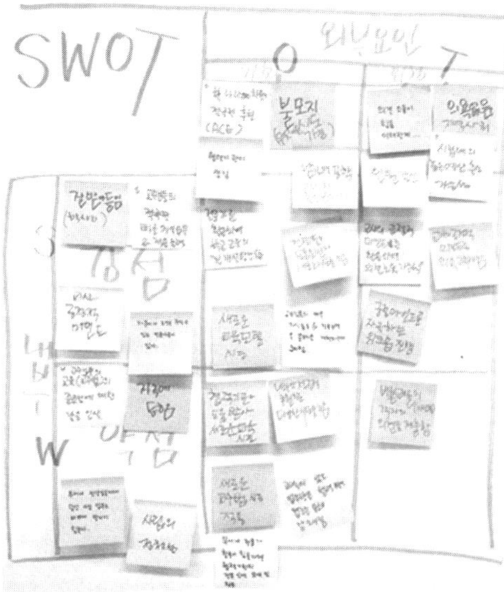

[그림 2-2] SWOT 분석 사례

요구 분석

요구(needs)란 현재 상태(What it is)와 바람직한 상태(What should be) 간의 격차를 말한다. 요구 분석이란 현재 무엇이 부족한지 그 내용을 밝히고 그 문제를 해결할 수 있는 가장 적절한 방안을 모색하고자 하는 활동이다.

그런데 자료수집을 충분히 하지 않은 상태에서의 요구 분석은 한계가 있을 수밖에 없다. 현 상태에 대한 파악, 잠재 수요자 인터뷰 또는 관찰 등을 통해 해결해야 할 요구 내용을 더 정확하게 파악하는 과정이 필요하다. 따라서 초기 단계에서의 요구 분석은 요구의 방향을 정하는 수준이며 정보를 수집하면서 지속적으로 보완하거나 수정해야 한다.

만약 요구 분석의 대상이 기존의 어떤 제품일 경우 우리는 미래의 잠재 수요자를 고려하여 그들의 입장에서 요구 내용을 추정할 수 있다. 이때는 다음과 같은 질문들이 그들의 요구 내용을 추정하는 데 도움이 된다.

"사용자가 이 제품을 사용하면서 만족해하는 요소는 무엇일까?"
"사용자가 이 제품을 적용해서 이루고자 하는 것은 무엇일까?"
"사용자가 이 제품을 사용하도록 동기부여하는 것은 무엇일까?"
"사용자가 이 제품에 대해 어려움을 겪고 있는 점은 무엇일까?"
"사용자가 이 제품에 대해 아쉬움을 느끼고 있는 기능은 무엇일까?"

이러한 질문들은 사용자가 원하는 기능이나 내용에 대해 생각하게 하면서 사용자들의 요구 내용을 추정할 수 있게 해 준다. 물론 아직은 추정일 뿐, 이런 요구의 더 확실한 내용은 이후 자료수집을 통해 확인해야 한다.

요구 분석은 다음과 같은 절차로 진행할 수 있다.

① 팀원들은 주제와 관련된 현 상태에 관한 핵심 사항을 포스트잇 한 장에 하나씩 적은 후 다음 양식에 붙인다.
② 현 상태들 가운데 가장 중요하다고 생각되는 사항을 투표로 선별한다.
③ 선별된 현 상태에 관한 이상적인 상태에 대해서도 이전의 경우와 같이 진행한다.
④ 현 상태와 이상적인 상태의 차이(Gap), 즉 보완하거나 해결해

야 할 내용을 적는다.

⑤ Gap 가운데 실행에 옮길 과제를 선택한다.

〈표 2-3〉 요구 분석 양식

주제:

As-Is(현 상태)	Gap	To-Be(이상적인 상태)

과제 기술서

해결해야 할 문제나 과제의 주제가 정해지면 과제 기술서를 작성한다. 과제 기술서 양식은 과제의 유형에 따라 다소 달라질 수 있지만 일반적으로 〈표 2-4〉과 같은 과제 기술서로 작성할 수 있다. 과제에 따라 보다 상세한 과제 기술서를 작성하고 싶다면 〈표 2-5〉처럼 작성할 수도 있다.

〈표 2-4〉 과제 기술서 양식(1)

과제명	
팀명	
팀 구성원	
목표 대상	
과제 배경	
산출물 또는 목표 상태	
기대효과	
과제 관련 요구 사항*	

* 과제를 수행할 때 유의해야 할 사항이나 기한 등 고객의 요구 사항 등을 의미.

〈표 2-5〉 과제 기술서 양식(2)

과제 개요	• 해결해야 할 문제 또는 추구해야 할 기회는 무엇인가?
의도 (범위)	• 이 과제에서 도출될 결과물에는 무엇이 포함되어야 하는가? • 이 과제와 밀접한 관련이 있는 기존의 과제(제도, 시스템)는 어떤 것들이 있는가?
제약 요인	• 과제를 추진할 때 고려해야 할 제약 요인에는 어떤 것들이 있는가? • 해결안이 성공하기 위해서 충족시켜야 할 요구 조건은 무엇인가?
목표 고객	• 구체적으로 누구를 위해 이 과제를 수행하는 것인가? • 누구를 이해해야 하는가? 그들이 중요한 이유는 무엇인가?
탐구 과제	• 연구 조사를 통해 답을 구해야 할 핵심 질문은 무엇인가? • 과제를 성공시키기 위해 반드시 이해해야 하는 이해관계자의 니즈, 새로이 부상하고 있는 신기술 또는 새로운 비즈니스 모델 등 이해관계자들이 생각하고 행동하는 방식 중에서 반드시 학습해야 할 내용은 무엇인가?
장기적 관점의 기대효과	• 장기적 관점에서 당신의 팀은 어떤 궁극적 결과(상태)를 기대하는가?
성공 지표	• 어떤 지표와 방법으로 성공을 측정할 것인가? (성공 기준)

과제 기술서에 들어갈 내용 가운데 과제 배경과 산출물 또는 목표 상태는 다음과 같은 방법으로 작성할 수 있다.

과제 배경

과제 배경은 이 과제를 수행해야 할 필요성을 보여 주는 현상 또는 문제점이다. 이는 다음과 같은 절차에 의해 진행할 수 있다.

① 팀원들은 과제와 관련된 현상이나 문제점을 포스트잇에 한 개씩 작성한다(1인당 최소 3장 이상).

② 현상 및 문제점을 나열하고 분류한 후 빠진 것이 있는지 확인한다.

③ 구체적인 현상 및 문제점이 확인되면, 이러한 현상에 대한 개략적인 모습을 과제 배경에 기술한다.

◆ 산출물 또는 목표 상태

산출물 또는 목표 상태란 과제를 통해 도출해야 할 최종 결과물이나 목표 상태를 말한다. 최종 결과물은 구체적이고 결과 지향적이며 눈으로 확인 할 수 있는 수준으로 기술하는 것이 좋다. 주어진 기간이 끝나면 어떤 결과를 얻고 어떤 상태에 도달할 것인가에 대해 구체화하는 것이다. 따라서 단순히 목표가 아니라 목표 상태라는 용어를 사용하는 것이 목표를 보다 구체화하는 데 더 바람직하다. 예컨대, 어떤 사람의 목표가 아이들에게 더 관대해지는 것이라면, 단순히 '더 관대해지기'보다는 '더 관대해진 상태'를 목표로 표현하는 것이 목표의 달성 정도를 더 명확하게 확인할 수 있다.

어떤 문제의 목표 상태를 어떻게 정하느냐에 따라 이후 무엇을 해야 하는지가 달라지며, 목표가 달성되었는지를 확인할 수 있는 기준이 된다.

이 과정에서 교수자는 효과적인 질문을 통해 결과물을 표현할 수 있도록 촉진할 수 있다. 예컨대, "이 과제의 목표가 성공적으로 달성되었다는 것을 어떻게 또는 누가 확인할 수 있을까요?"와 같은 질문을 던져서 팀원들이 구체적이고 눈으로 확인할 수 있는 형태의 결과를 떠올릴 수 있도록 한다.

이는 다음과 같은 절차에 의해 이루어질 수 있다.

① 팀원들은 목표 상태로서 도출해야 할 구체적 결과물과 기대 효과를 포스트잇에 쓴다.
② 팀원들은 내용들을 분류하고 정리한 후, 서로 의견을 묻고 합의하거나 투표로 정한다.

목표가 아닌 목표 상태인 이유

요즘 창의성이 강조되면서 많은 공공기관이나 회사에서 '창의적인 조직문화 만들기'라는 목표를 세운다. 그런데 그런 목표 이름만으로는 무엇을 해야 하는지 알 수 없다. 그 목표 상태가 어떻게 정해지느냐에 따라 과제는 전혀 다른 과제가 될 수 있으며 무엇을 해야 하는지가 다를 것이다. 실제로 말로만 창의적인 조직문화인 경우도 많고 목표 상태를 정하지 않아서 그런 목표가 이루어졌는지 확인할 수도 없다. 제품이나 서비스의 경우도 마찬가지다. 그 제품을 사용하는 소비자가 만족하는 수준과 내용을 구체적으로 표현할수록 과제의 초점이 보다 명확해지고 완성도가 높아질 수 있다.

실습합시다

관심 있는 주제를 하나 선정한 후 과제 기술서를 작성해 보자.

3
정보수집 및 분석

핵심 POINT

- 문제를 정의하면서 과제의 목표가 무엇인지 구체적으로 정해지면 문제해결에 어떤 정보들이 중요한지, 그 정보들을 어디서, 어떻게 확보할 것인지를 논의해야 한다.
- 정보수집을 위해 정보수집 양식, 공감적 이해와 문제분석 등을 도구로서 활용할 수 있으며 과제의 성격에 따라 선택한다.
- 정보수집은 문제의 정의 이후 한 번만으로 끝나는 것이 아니라 문제의 정의 이전이나 해결안을 찾는 과정에서 필요할 때마다 실시한다.

정보수집 양식들

정보수집 과정에서 적절한 양식을 활용하면 정보수집 및 분석을 보다 체계적이고 효율적으로 수행할 수 있다.

이 양식들은 표준적인 형식으로서 이를 그대로 사용해도 되지만, 상황에 따라 보다 간단한 형식으로 변형할 수도 있다.

◆ 정보수집 계획

먼저 구체적인 정보수집 계획은 〈표 2-6〉과 같이 준비하여 조사할 수 있다. 팀원들은 이 계획표 양식을 작성하면서 역할을 배분한 후 정보수집 활동을 한다.

〈표 2-6〉 정보수집 계획표 양식

필요한 정보들	조사 방법	담당자

◆ 인터뷰

명확한 계획 없이 인터뷰를 진행한다면 주어진 시간 안에 충분한 정보를 수집하지 못하거나 정작 가장 필요했던 자료를 빠뜨리게 되는 경우가 발생할 수 있다. 방문 전에 필요한 정보와 자료가 무엇인지 살펴보고 이를 수집할 방법과 질문에 대해 계획해야 한다.

인터뷰를 위해 적절한 대상을 선택하는 것도 중요하지만 적절한 질문을 던지는 것도 중요하다. 주어진 시간 안에 효율적인 인터뷰를 진행하려면, 먼저 질문을 통해 얻고자 하는 정보가 무엇인지를 정한 후, 이러한 정보를 얻기 위해 가장 좋은 질문이 무엇인지를 생각해서 준비해야 한다. 이를 위해 〈표 2-7〉의 인터뷰 활동 계획표를 작성할 수 있다. 그리고 미리 계획된 질문을 이메일 등을 이용하여 먼저 보낸 후 방문한다면, 효율적이고 효과적인 정보수집이 이루어질 수 있다.

〈표 2-7〉 인터뷰 활동 계획표

인터뷰 대상	
인터뷰 목적	

번호	질문을 통해 얻고자 하는 정보	질문

인터뷰의 질문 항목

인터뷰를 할 경우에는 개방형 질문이 바람직하다. 인터뷰에서 다음과 같은 질문 항목이 도움이 될 수 있다.

1. 명확성 확보를 위한 질문
   - ~라고 하셨는데 어떤 의미인가요?
   - 좀 더 자세히 설명해 주시겠어요?
   - 예를 든다면 어떤 것이 있나요?

2. 탐구를 위한 질문
   - 구체적으로 어떤 부분이 불편한가요?
   - 그 이유가 무엇이죠?
   - 가장 (불)만족스러운 부분은 어떤 부분인가요?

3. 비교를 위한 질문
   - 다른 것과 비교하면 어떤 차이가 있나요?
   - 이전과 비교하면 무엇이 다른가요?

4. 요구를 알아내기 위한 질문
   - 가장 원하는 기능(서비스)은 무엇인가요?
   - 이것이 어떻게 변하기를 바라나요?

인터뷰를 마치면 수집된 자료로부터 의미 있는 시사점을 도출해야 한다. 〈표 2-8〉과 같이 답변 내용을 요약한 후 팀원들과 함께 그 내용들을 공유하면서 시사점을 도출해 보고, 향후 필요한 행동에 대해 계획한다.

〈표 2-8〉 인터뷰 활동 결과 보고

질문	답변 내용 요약(알게 된 사실)	시사점

◈ 문헌 조사

다양한 문헌을 탐색하는 것도 정보를 수집하는 데 중요하다. 공식적 · 비공식적, 학문적 · 비학문적 문헌 모두가 조사 대상이 될 수 있고 이들로부터 의미 있는 사실이나 시사점을 얻을 수 있다. 이 경우에도 문헌들을 무턱대고 탐색하기보다는 〈표 2-9〉 양식을 작성하면서 조사할 정보 또는 학습할 내용을 사전에 구체화하는 것이 효과적이다.

〈표 2-9〉 문헌 조사 양식

조사할 정보(학습할 내용)	조사 대상 문헌

문헌 조사 결과는 팀원들과 공유해야 한다. 팀원들이 쉽게 이해할 수 있도록 각자 조사해 온 정보들을 요약 · 정리한다. 조사해 온 내용들은 문제해결에 중요한 시사점을 줄 수 있다. 조사 내용별로 어떤 시사점을 줄 수 있는지 각자 아이디어를 작성해 본 후, 중요한 시사점의 경우 향후 필요한 행동에 대해 계획을 세워야 한다.

〈표 2-10〉 문헌 조사 결과

조사 내용(학습한 내용)	출처	시사점

Teaching Tip **정보수집 결과의 공유**

인터뷰나 문헌 조사 결과가 주는 시사점을 팀별로 정리하고 다른 학습팀들과 상호 피드백을 주고받도록 하면 더욱 효과적이다. 이는 시사점을 서로 학습하고 새로운 시사점을 발견해 낼 수 있는 기회가 된다.

[그림 2-3] 학습자들이 다른 팀에 가서 상호 피드백을 주고받는 장면

공감적 이해

공감이란 타인의 입장에서 타인의 생각이나 감정을 이해하려는 노력이다. 공감은 대인관계에서만 중요한 것이 아니다. 어떤 문제를 해결하려고 한다면 그 문제의 당사자의 입장에서 바라보면서 공감하는 것이야말로 문제해결의 출발점이 되어야 한다.

문제해결을 위한 공감은 현장의 문제와 기회를 규명하고 전체적인 맥락과 근본적인 문제의 원인을 조사하는 등의 활동을 포함한다. 이 과정에서 목표 대상의 행동을 관찰하고 인터뷰 등을 할 수 있다.

공감을 위한 도구로는 페르소나, 공감지도 등이 있다.

◆ 페르소나

학습팀의 결과물이 실질적으로 가치를 가지려면, 해결안을 생각하기 전에 확인할 것이 있다. 너무나 당연해 보이지만 종종 잊는 중요한 사항은 다음과 같다.

"우리의 결과물이 구체적으로 누구를 위한 것인가?"

"우리의 결과물을 사용할 사람은 어떤 유형의 사람일까?"

"그 사람은 어떤 특성을 가졌을까?"

"그 사람이 진짜 원하는 것이 무엇일까?"

결과물이나 서비스를 이용할 잠재 이용자를 좀 더 구체화하는 방법으로서 페르소나(persona)를 작성할 수 있다. 페르소나는 가상의 인물로 팀에서 만든 산출물을 사용할 사용자를 대표하는 인물이다. 즉, 페르소나는 최종 결과물의 사용자 요건을 가장 잘 충족시키는 잠재 고객이다.

우리의 목표 고객의 관심사가 무엇일까? IT 기기를 사용하는 데 능숙할까? 사람들과 자주 모임을 가질까? 어떤 운동을 좋아할까? 조용한 편일까 수다쟁이일까? 보수적일까 진보적일까? 물냉면을 좋아할까 비빔냉면을 좋아할까?

페르소나 제작을 위해 가상 인물의 프로필을 생성하고, 사진, 주요 특성, 특이 사항 등을 정리해 본다. 페르소나에 대한 정보를 작성하다 보면 페르소나의 중요한 특성이 무엇인지가 명확해지고 이후 진행할 아이디어 도출에 영감을 주고 최종 결과물의 방향이 잡힌다. 즉, 페르소나는 결과물의 나침판 역할을 하게 된다.

예시: ○○도서관을 종종 이용하지만, 모국의 자료가 없는 것에 아쉬움을 갖고 있는 젊은 엄마

[그림 2-4] 도서관의 다문화 서비스 페르소나 예시

출처: 장경원 외(2019).

이름: 고수일
성격: 까칠하지만 친절한 성격
직업: 교수
관심사: 수업 동영상 강의 촬영
특징: IT 기기에 매우 미숙
강의하고 책 쓰는 걸 좋아함
형식과 관행을 거부하는 경향
강의보다는 액션러닝 중심으로 수업

[그림 2-5] 동영상 애플리케이션 페르소나 예시

공감할 수 없는 물건들

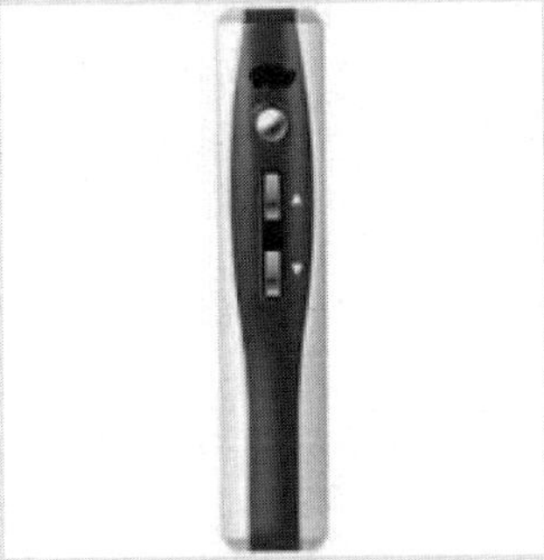

[그림 2-6] 레이저 포인터

'이것을 만든 사람은 도대체 무슨 생각으로 만들었을까?'라는 생각이 드는 경우가 종종 있다. [그림 2-6]은 내가 강의할 때 이용하는 포인터다. 맨 위의 동그란 버튼은 레이저 광선이 나오는 버튼이다. 그 아래 두 개의 막대 버튼이 있는데 하나는 이전 페이지로 돌아가는 버튼이고 다른 하나는 다음 페이지로 넘어가는 버튼이다. 다음 페이지로 넘어가는 버튼은 레이저 바로 아래에 있는 것이 좋을까? 아니면 그 아래에 있는 것이 좋을까? 내가 동료 교수를 비롯한 여러 교수자에게 물어봤다. 모두 내 생각과 같다. 강의하면서 이전 페이지로 넘어갈 일은 흔치 않고, 레이저 버튼을 누르면서 강의하다가 다음 페이지 버튼을 누르게 되니 그 바로 아래에 있는 것이 좋겠다는 것이다. 그런데 이 포인터는 다음 페이지 버튼이 맨 아래에 있다. 그래서 레이저 버튼을 누르면서 강의하다가 다음 페이지를 넘길 때 간혹 이전 페이지 버튼을 눌러 버리는 실수를 하기도 한다. 도대체 이 회사는 포인터를 왜 이렇게 만들었을까? 아마도 책상에 앉아 논리적 접근으로 디자인한 듯하다. '레이저–이전 페이지–다음 페이지'가 논리적인 순서라고 생각한 탓이 아닐까? 내가 교수자들에게 물어봤듯 레이저 포인터를 디자인할 때 잠재 고객의 의견을 들어 봤다면 이런 순서로 디자인하지 않았을 것이라고 믿는다. 사용자와의 공감이 중요하다고 강조하는 이유다.

공감지도

공감지도는 사용자의 행동 및 태도에 대한 정보를 정리한 시각물로서, 사용자를 더 잘 이해할 수 있도록 도와주는 유용한 도구다. 이는 사용자 특징에 대한 정보들에 대해 공감을 하면서 통찰력을 끌어내는 데 목적이 있다.

공감지도의 구성 내용은 다음과 같다.

- See: 보이는 것
  - –사용자는 시장에서 무엇을 보는가?
  - –사용자는 무엇을 보고 읽고 있는가?
  - –사용자는 어떤 환경에 놓여 있는가?

• Say/Do: 말과 행동

–사용자는 어떤 말(행동)을 하는가?

–사용자는 다른 사람들 앞에서 자신을 어떻게 묘사하는가?

–사용자는 다른 사람들과 주로 어떤 대화를 나누는가?

• Think/Feel: 생각과 감정

–사용자는 어떤 기분을 느끼고 있는가?

–사용자는 이 상황을 어떻게 생각하고 있는가?

• Hear: 듣는 것

–사용자는 주변 사람들로부터 무슨 말을 듣는가?

–사용자는 어디서 정보를 얻는가?

–사용자에게 영향을 준 것은 무엇 또는 누구인가?

• Pain: 사용자는 어떤 불편함이 있는가?

–사용자가 극복해야 할 장애물이 무엇인가?

–사용자는 어떤 불만이 있는가?

–사용자는 어떤 두려움이나 걱정이 있는가?

• Gain: 얻고자 하는 것

–사용자가 바라는 것은 무엇인가?

–사용자의 목표는 무엇인가?

이처럼 공감지도는 사용자가 말하고, 행동하고, 보고, 듣고, 생각하고 느낀 점 등에 대해 정리하는 과정을 통해 사용자가 해결하려는 문제나 얻고자 하는 기대 사항들이 무엇인지에 대해 알아보기 위한 도구다.

공감지도를 작성하는 단계는 다음과 같다.

① 큰 종이에 공감지도 양식을 그린다.
② 정보수집 단계에서 얻은 정보를 기초로 팀원들은 여섯 가지 항목에 대해 작성한다.
③ 공감지도에 적힌 내용들을 보면서 시사점들을 도출하여 이후 아이디어 구상 단계에 반영한다.

공감지도는 페르소나와 마찬가지로 모두 잠재 수요자를 이해할 수 있도록 돕는 수단이다. 페르소나 기법이 '이 제품/서비스의 수요자가 누구인지'를 확인하는 방법이라면 공감지도는 '수요자가 무엇을 생각하고 느끼는지'를 분석하는 방법이다. 문제해결의 결과물이 궁극적으로 수요자의 욕구와 문제를 해결하기 위한 것이므로 문제해결의 아이디어를 구상하기 전에 수요자에 대한 공감지도를 그려 보는 것도 큰 도움이 된다.

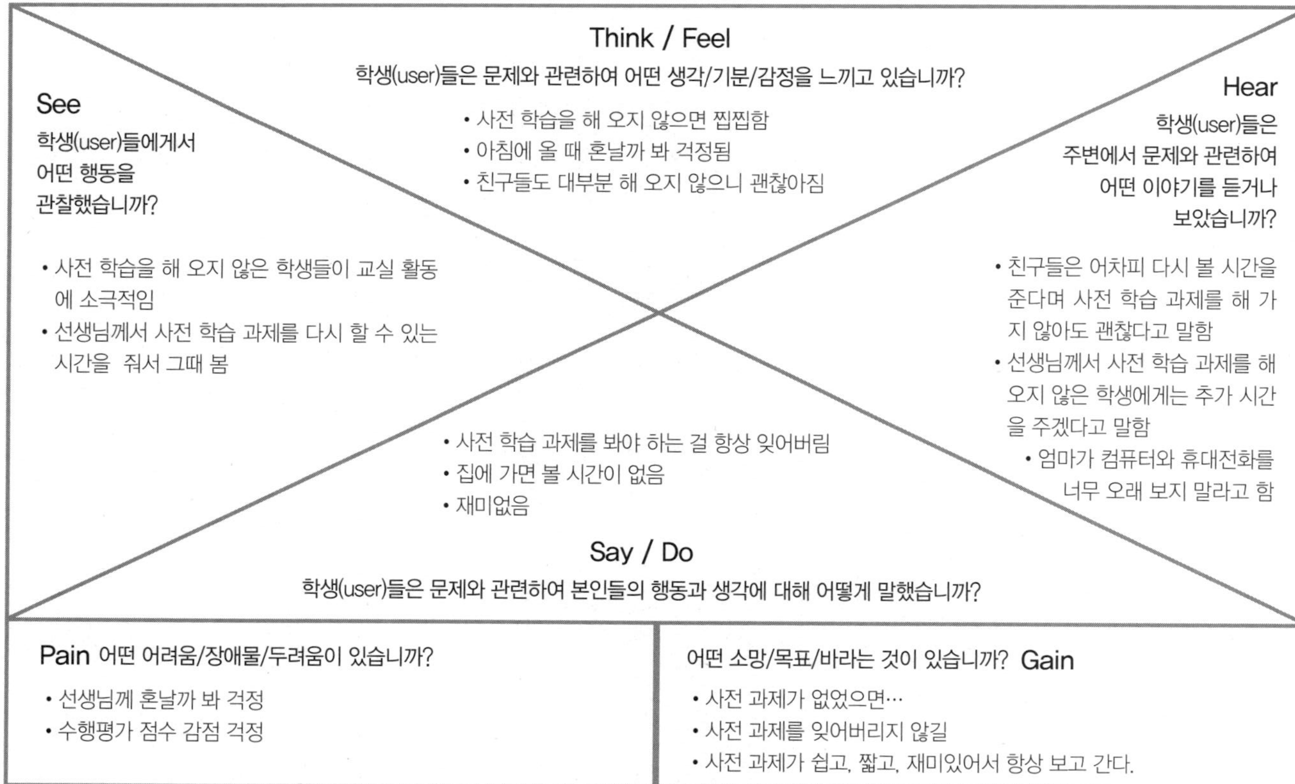

[그림 2-7] 공감지도 작성 예시

출처: 장경원 외(2019).

문제분석

과제가 어떤 문제점을 개선하는 것과 관련되어 있다면 일반적으로 문제분석을 실시할 수 있다. 문제분석은 현황분석을 통해 파악된 주요 문제점을 분석하고 각 문제점을 인과관계 형식의 인과관계 나무 또는 문제 나무로 형상화하여 중심 문제를 선정하는 방식으로 수행하는 것이다.

직접 현장에 나가 관찰, 인터뷰 등을 통해 문제를 발견할 수 있지만, 보다 깊게 들여다보면 어떤 문제의 근본 원인을 찾게 되어 문제를 올바르게 정의할 수 있다. 예컨대, '아이의 건강 상태가 좋지 않다.'와 '아이는 충분한 영양을 섭취할 수 없다.'라는 두 문제점 간의 인과관계를 찾는다면, '아이는 충분한 영양을 섭취할 수 없다.'가 원인이고 '아이의 건강 상태가 좋지 않다.'가 결과이다. 이렇게 분석하면 과제에서 해결해야 할 핵심 문제가 무엇인지 알 수 있다.

문제분석의 절차는 다음과 같다.

◆ 주요 문제점 나열

주제와 관련된 문제 현상을 포스트잇 한 장에 하나씩 작성한 후 모두 나열한다.

◆ 중심 문제 선정

문제 현상들 가운데 더 이상의 결과가 없는 최종 결과 상태를 표현하고 있는 문제를 중심 문제로 선정한다.

◆ 인과관계 파악

중심 문제의 인과관계를 분석하면서 핵심 원인을 찾는다.

◆ 인과관계 확대

핵심 원인의 인과관계를 확대하면서 다른 문제들과의 인과관계를 도출한다.

◆ 문제 나무 검토 및 확정

인과관계로 구성된 문제 나무를 검토하면서 확정한다.

문제분석 예시: 방글라데시 위생 사업

• 문제점:

- 식량 부족
- 비가 많이 오는 우기가 있음
- 주민들이 대부분 경제적으로 어려움
- 농사 지을 땅이 부족함
- 영양 상태가 좋지 않음
- 높은 사망률
- 마을이 6개월 이상 물에 잠김
- 주민들이 강과 들판에 배설함
- 협소한 지역에 주거지가 밀집되어 있음
- 주민들이 위생 개념이 없음
- 콘크리트 변기를 보급했으나 미 설치
- 날씨가 따뜻함
- 강과 들판에 있는 배설물들이 물에 잠김
- 주민들이 마을 문제를 해결할 의지 없음
- 별도의 화장실이 설치되어 있지 않음
- 집, 음식물에 배설물 및 세균이 유입됨
- 물에 잠긴 배설물에서 수인성 전염병 발생
- 상하수도시설이 잘되어 있지 않음
- 노인과 어린이들이 수인성 전염병에 감염됨
- 우기에 강물이 범람함

- 중심 문제: 높은 사망률

- 인과관계: 높은 사망률은 수인성 전염병과 영양 결핍으로 인한 것이다. 첫째, 수인성 전염병은 물에 잠긴 배설물에서 발생하는데, 이는 강과 들판에 있는 배설물들이 물에 잠긴 후 따뜻한 날씨로 인해 집과 음식물에 유입되는 데에 기인한다. 둘째, 영양 결핍은 식량이 부족한 결과인데 그 원인은 농토가 부족하기 때문이다.

이러한 인과관계를 문제 나무로 표현하면 다음 그림과 같다.

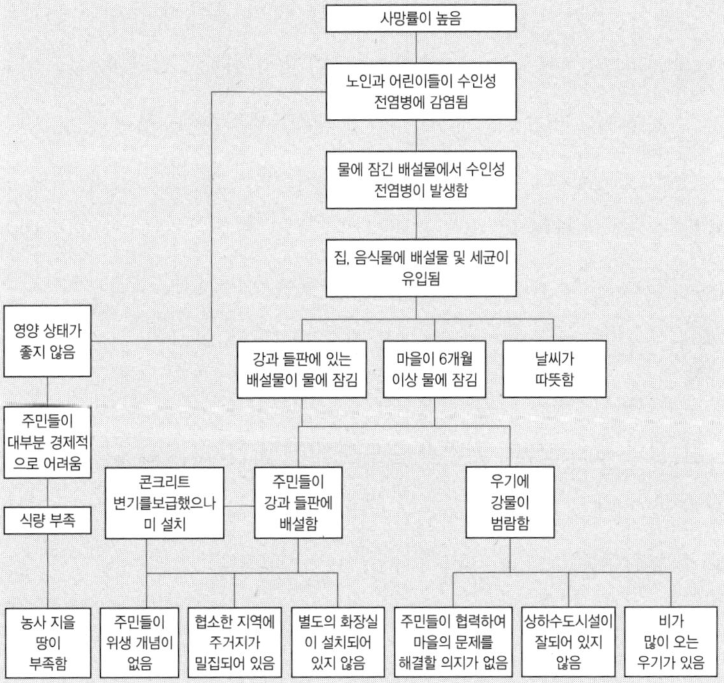

◆ 문제분석 시 주의할 점

간단명료한 표현보다는 문장으로 나열한다. 주어와 술어가 있는 문장을 사용하여 표현을 명확하게 한다. 예컨대, '운영을 관리할 사람이 없다.'라는 문장이 '인력의 부족'이라는 표현보다 명확하다.

'해결책이나 자원이 없다.'라는 표현은 피한다. 어떤 중요한 항목이 부족하다는 관점에서 문제의 원인을 생각해 내는 경향은 문제를 분석하는 데 도움이 되지 않는다. 예컨대, 많은 사람이 질병에 걸린 이유로서 '병원이 없다.'라고 말한다면 병원 부족이 유일한 문제라고 생각하고 다른 원인을 간과하는 경향이 있다. 해결책이나 자원의 부족에서 나타난 문제 조건들을 먼저 생각하는 것이 중요하다. 예컨대, '사람들이 적절한 의료서비스를 받지 못한다.'를 문제로 규정한 후 이 문제의 원인을 규명한다. 이런 식으로 생각한다면 병원을 건립하는 것 외에도 의료방문단 또는 의료봉사단을 파견하는 것 등의 다른 잠재적인 해결책을 생각해 낼 수 있다.

한 장의 포스트잇에 원인과 결과를 함께 작성하지 않는다. 하나의 결과에는 다른 원인이 존재할 수도 있으므로 원인과 결과를 별도로 작성한다.

원인과 결과를 포함한 표현 적절한 표현

문제 중심 접근 방법 vs. 성공 사례 중심 접근 방법

어떤 문제 상황을 개선하기 위한 정보를 수집할 때, 다음 두 가지 접근 방법이 있다.

- **문제 중심 접근 방법**: 이는 문제점에 초점을 맞추는 것이다. 앞서 문제분석에서 보듯, 문제점과 그 원인을 분석해서 해결안을 도출해 내는 방법이다. 예컨대, 우리 조직이 너무 보수적이어서 해결해야 할 문제가 '창의적인 조직문화 만들기'라면, 창의적인 조직문화를 방해하는 장애물이나 원인을 파헤쳐 현재의 조직문화 문제를 해결하는 방안에 대해 생각한다. 이러한 접근 방법은 우리가 어떤 문제를 대할 때 매우 익숙한 방법이다.
- **성공 사례 중심 접근 방법**: 이는 성공 사례에 초점을 맞추는 것이다. 그 문제의 해결안을 도출해 내는 데 도움이 되는 직접 또는 간접적인 성공 경험에 대한 정보를 수집하는 것이다. 예컨대, 보수적인 조직문화로 인한 문제 및 그 원인에 초점을 맞추는 것이 아니고, 우리 조직의 구성원들이 창의성을 발휘하거나 창의적인 모습을 보여 준 성공 사례를 수집하는 데 초점을 맞추는 것이다.

대체로 원인이 단순하지 않아 원인을 철저히 파헤쳐야 할 때에는 문제 중심 접근 방법이 적절하지만, 해결안에 도움을 줄 수 있는 성공 사례들을 수집할 수 있는 경우라면 성공 사례 중심 접근 방법도 적절하다. 특히 부정적인 단어 노출로 인한 부작용이 염려될 때는 부정적인 문제에 초점을 맞추기보다는 성공 사례에 초점을 맞추는 것이 바람직하다. 예컨대, 자존감을 높이려는 과제의 경우 자존감이 높아졌던 경험에 대해 논의하는 대신 자존감이 낮아진 원인에 대해 논의한다면 분위기만 우울해질 것이다.

실습합시다

1. 하나의 제품을 생각해 본 후, 그 제품의 사용자 페르소나를 작성해 보자.

2. 1번에서 작성한 페르소나에 대한 공감지도를 그려 보자.

4
해결안 도출

핵심 POINT

- 창의적인 아이디어는 천재들만의 영역이 아니다. 생각을 할 수 있다면 누구나 아이디어를 낼 수 있다. 긍정적 분위기는 창의성 발휘에도 도움이 되니, 시작하기 전에 간단한 아이스 브레이크도 좋다.

- 아이디어를 도출하도록 하는 방법들은 크게 자유연상법과 강제연상법으로 구분할 수 있다. 자유연상법은 주제에 대해 생각나는 대로 자유롭게 발상하며 아이디어를 생각해 내도록 하는 방법이며(예: 브레인스토밍, 브레인라이팅), 강제연상법은 주제와 무관한 사물을 강제로 주제와 연결해 발상하는 방법이다(예: 디딤돌).

- 아이디어 도출 방법을 활용하여 창의적인 아이디어를 내고, 이들을 일정한 기준으로 평가한 후 해결안을 선택한다.

아이디어 도출 방법

◆ 브레인스토밍

우리는 토의를 할 때 아이디어가 있어도 내놓기 주저하게 되는 경우가 많다. 다른 사람이 내 의견에 대해 어떻게 생각할까 두렵기도 하고 실제로 비판을 받는 때도 있기 때문이다. 브레인스토밍을 할 때는 이런 걱정을 할 필요가 없다. 엉뚱하거나 타당하지 않은 아이디어라도 모두 환영한다. 그저 생각나는 대로 아이디어를 내놓는 것이 브레인스토밍(brainstorming)이다.

브레인스토밍 과정이 제대로 작동되려면 참여자들은 다음 네 가지 규칙을 지켜야 한다.

- **아이디어 비판 금지**: 브레인스토밍에서는 타인의 아이디어를 절대 비판하지 말아야 한다.
- **자유로운 발표**: 브레인스토밍에서는 아무리 하찮은 아이디어라도 망설이지 말고 발표해야 한다.
- **다량의 아이디어 창출**: 브레인스토밍에서는 아이디어의 질보다 아이디어의 개수가 중요하다.
- **아이디어의 확장**: 브레인스토밍에서는 기존의 아이디어를 결합해 새로운 아이디어가 나오도록 해야 한다.

진행자는 위 네 가지 규칙을 안내하고 참여자들이 주제에 대해 자유롭게 아이디어를 제시할 수 있게 한다. 이때 앞서 설명한 명목집단법을 활용할 수도 있다. 아이디어는 화이트보드나 포스트잇 등을 이용하여 기록한 후 유목화, 투표 등의 방법을 통해 토의를 진행한다.

◆ 브레인라이팅

브레인라이팅(brainwriting)은 [그림 2-8]과 같이 A4나 A3 용지에 의견을 적을 수 있는 종이 카드나 포스트잇을 붙인 후, 각자 5분 동안 두 개 또는 세 개의 아이디어를 작성하여 옆 사람에게 전달하는 것을 반복하여 아이디어를 도출하는 방법이다. 한 팀이 여섯 명이고 각자 세 개씩 아이디어를 쓴다면 한 명이 열여덟 개의 아이디어를 작성하는 것이다. 작성된 아이디어를 모두 모으면 108개의 아이디어가 된다. (그러나 꼭 이렇게 해야 하는 것은 아니고 인원과 시간 등을 고려하여 아이디어 개수를 정하면 된다.)

브레인라이팅은 다른 사람이 작성한 아이디어를 보고 새로운 아이디어를 도출하기 때문에 아이디어 릴레이라고도 불린다. 수집된 아이디어는 유사한 내용끼리 모아 유목화를 시도할 수 있다.

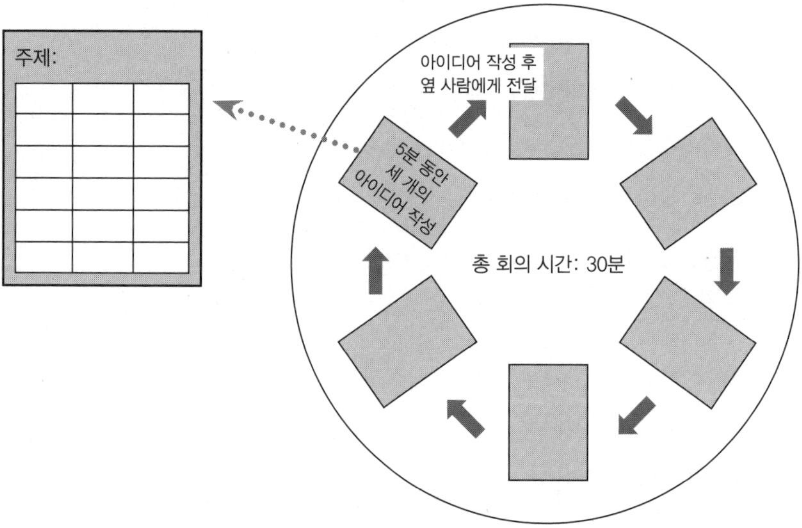

[그림 2-8] 브레인라이팅 운영 방법

◆ 디딤돌

아이디어 발산 단계에서 획기적이고 신선한 아이디어 없이 비슷비슷한 아이디어만 반복적으로 나올 때 사람들의 상상력을 자극하고 싶다면 디딤돌 방법을 취할 수 있다. 디딤돌은 주제와 아무 상관 없는 단어를 자극으로 활용하는 강제연상법이다.

디딤돌은 다음과 같은 순서로 진행한다.

◆ 아이디어 도출을 위한 질문 작성하기

먼저 아이디어 도출이 필요한 주제를 질문의 형태로 작성한다. 질문은 'What(How) Question＋연결/결합/유추'의 형태를 갖도록 작성한다. 즉, '무엇을(어떻게) 하면 ~을/를 할 수 있을까?'다. 예를 들면, '무엇을 하면 사람들이 이 서비스를 찾게 될까?' '어떻게 하면 우리 팀의 분위기를 활발하게 할 수 있을까?' 등이다. [그림 2-9]처럼 포스트잇 등에 아이디어 도출을 위한 질문을 작성하여 원 안에 붙인다.

◆ 주제와 무관한 하나의 단어(중의적 또는 긍정적 의미가 가진 사물, 과일, 동물 등)를 작성하여 질문 위에 겹쳐 붙이기

◆ 디딤돌 단어 만들기

가장 안쪽 동그라미 안에 작성한 '사과'와 같은 단어를 중심으로, 떠오르는 다양한 대상(고객, 친구, CEO, 누나, 오빠)과 물건(특정 물건의 속성, 기능, 특징들) 등을 자유롭게 작성하여 가운데 동그라미의 여덟 개 칸에 나누어 쓴다(동사, 형용사, 명사 모두 가능하지만 부정적 의미는 피하는 것이 좋음).

◆ 다음 칸에 연결/결합한 아이디어 붙이기

디딤돌이 되어 줄 단어가 완성되면 다시 원래의 질문이 보이도록 단어를 제거한 후, '(디딤돌)을 연결/결합하면 무엇을 할 수 있는가?'를 질문하며 본래의 질문에 대한 아이디어를 작성해 본다. 도출된 아이디어들이 만족스럽지 않거나 충분하지 않으면 디딤돌이 될 대상, 물건을 교체하여 추가 아이디어를 더 도출한다.

◆ 아이디어 정리하기

먼저 아이디어를 도출하는 데 도움을 준 디딤돌 단어들을 떼어 낸다. 질문을 적은 포스트잇을 전지의 가장 위에 붙인 후, 아이디어들을 분류 · 정리한다. 이때 유사한 내용은 아래로, 다른 내용은 옆으로 붙이면서 유목화를 실시한다. 이후, 유목화된 내용들을 대표할 수 있는 키워드를 다른 종이에 적어 붙인다.

①

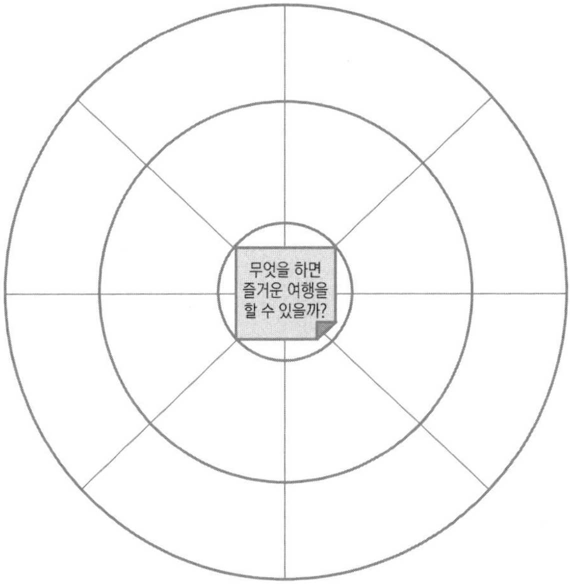

②

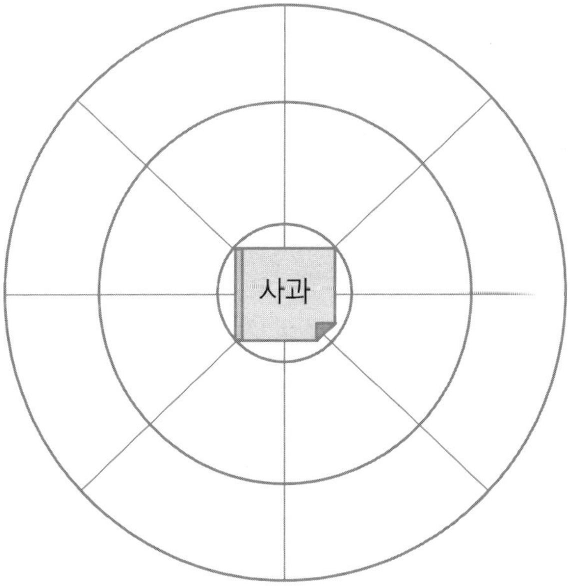

③

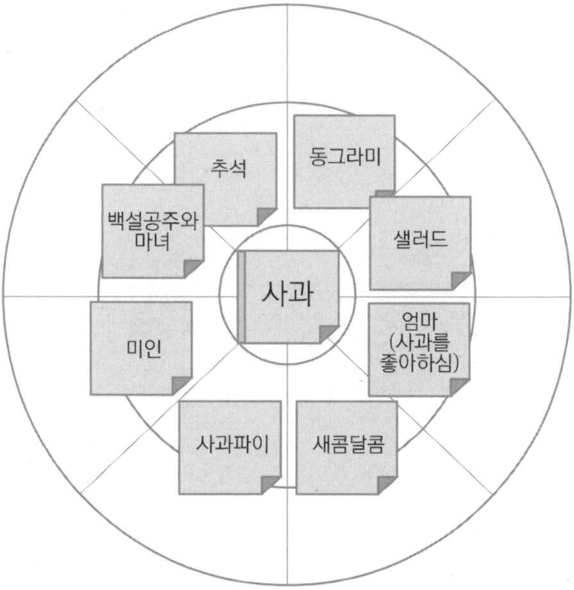

④

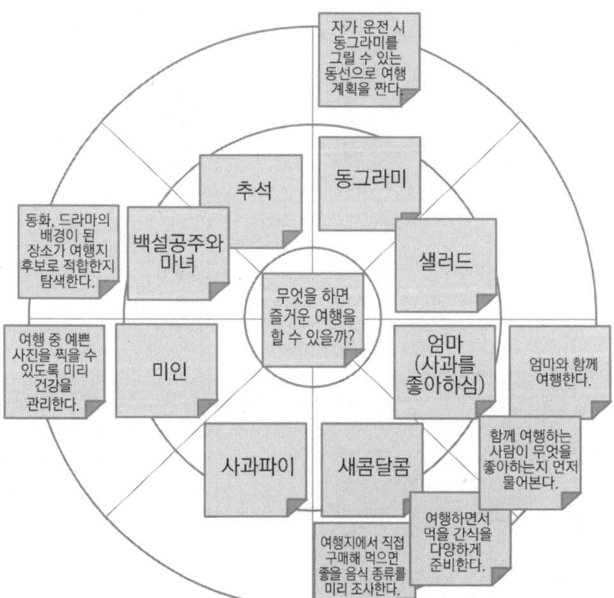

[그림 2-9] 디딤돌 절차

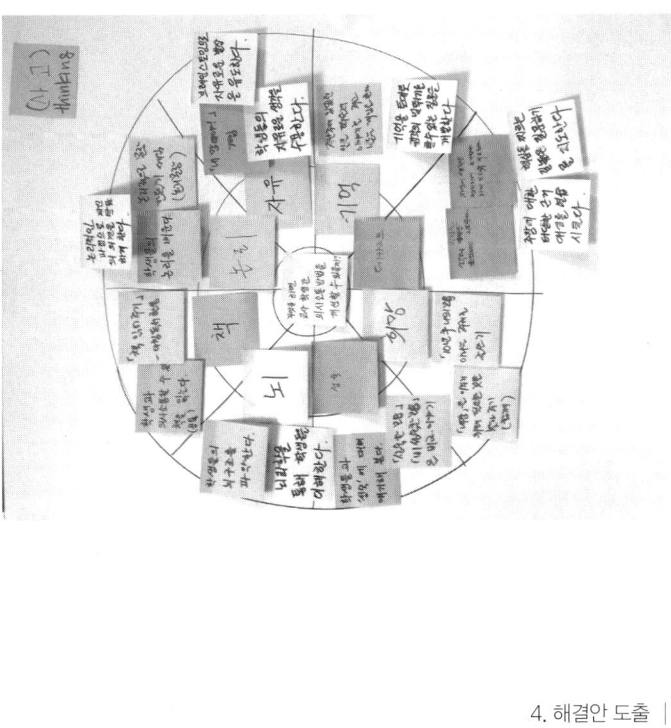

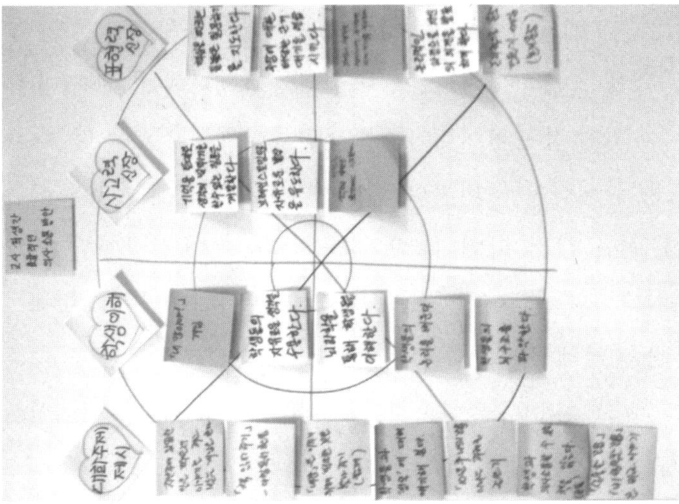

[그림 2-10] 아이디어 도출(좌)과 아이디어들의 유목화(우)

해결안 평가

지금까지 다양한 방법으로 많은 아이디어가 나왔다면, 이들 중 적절한 것을 선택하기 위해서는 아이디어를 평가해야 한다. 이 단계에서 유의할 점은 아이디어들을 판단하면서 '이것이 좋다, 나쁘다.' 또는 '현실적이다, 비현실적이다.' 식으로 접근하는 것은 바람직하지 않다. '나쁜' 아이디어도 훌륭한 아이디어로 발전할 수 있다. 아이디어의 선택에 만족하지 말고 다른 아이디어를 취합해서 좀 더 질 높은 해결 방안을 얻을 수 있을지도 살펴봐야 한다. 때론 버려진 아이디어도 다른 아이디어와 결합했을 때 새로운 아이디어로 부활할 수 있다.

이제 아이디어 판단 도구를 살펴보자. 아이디어를 단순히 투표로 정할 수도 있겠지만 보다 합리적인 기준을 이용해 아이디어를 선별하고자 한다면 의사결정 그리드나 PMI를 이용할 수 있다.

Teaching Tip 투표는 모두 함께

아이디어를 유목화 등을 통해 정리한 뒤 단순한 투표로 선별할 경우, 먼저 팀원 간 투표를 진행한 다음 다른 팀에게도 투표 기회를 제공하면 전체적인 참여 분위기를 조성하는 데 도움이 된다.

◆ 의사결정 그리드

무언가를 선택할 때, 사람마다 선택의 기준이 다를 수 있다. 어떤 사람은 그 아이디어의 참신함을 기준으로 선택하고, 어떤 사람은 그 아이디어가 잠재 수요자에게 얼마나 매력적인지, 또는 얼마나 실현 가능한지에 우선순위를 두고 선택하기도 한다. 의사결정 그리드(decision grid)는 학습팀이 의사결정을 해야 할 때 의사결정 기준을 정한 후 이를 토대로 논의하고 최종 의견을 정하는 방법이다. 예컨대, '기대효과 × 실행 용이성' '중요도 × 긴급도' 등 두 기준을 마련한 후 이를 토대로 결정하는 방법이다.

구체적인 진행 절차는 다음과 같다.

① 의사결정 기준을 정한다. 의사결정 기준은 명목집단법을 활용하거나 논의를 통해 정한다.
② 의사결정 그리드의 X축과 Y축에 의사결정의 두 가지 기준을 표시한다.
③ 팀 구성원들이 제시한 아이디어들 또는 선택해야 하는 아이디어들 각각에 대해 논의하면서 의사결정 그리드 위의 해당 위치에 붙인다.
④ 두 기준에 대해 가장 높은 평가를 받은 의견 또는 아이디어를 선택한다. 이때 모든 의견 또는 아이디어가 점선 밖에 위치하면 어느 것도 선택하지 않고, 다른 아이디어를 구상한다.

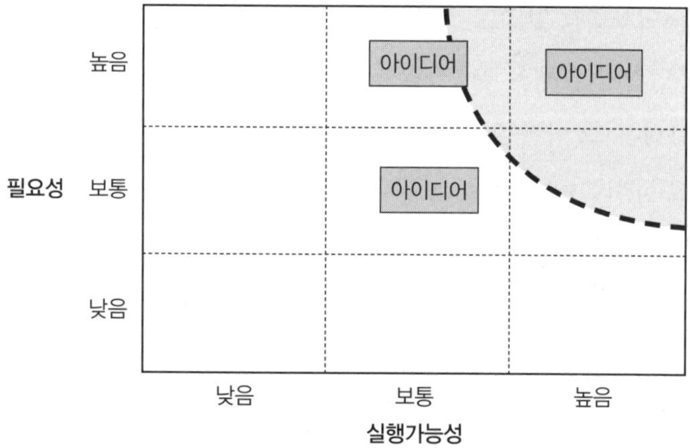

[그림 2-11] 의사결정 그리드

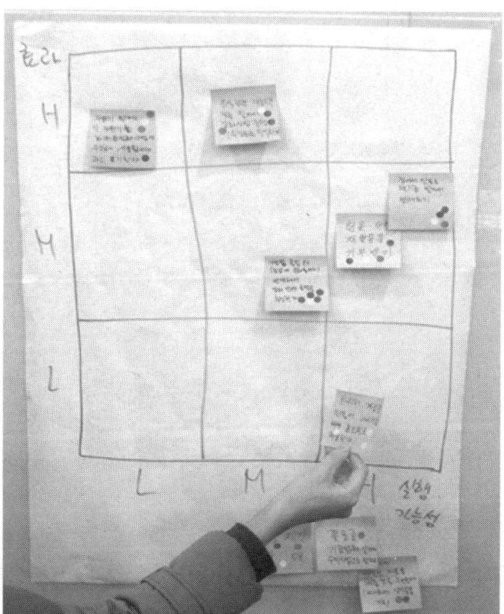

[그림 2-12] 의사결정 그리드 예시

PMI

앞서 언급했듯이, 아이디어 평가는 단순히 대안들을 판단하는 것이 아니라 대안들을 다듬고 발전시키는 것도 포함된다. 이러한 접근방식에 도움이 되는 것이 PMI 방법이다. PMI란 좋은 점–나쁜 점–흥미로운 점을 찾아서 발상의 줄기를 만들어 가는 기법으로 다음과 같은 단어들의 머리글자의 조합이다.

- P: Plus(좋은 점, 좋아하는 이유, 긍정적 측면)
- M: Minus(나쁜 점, 약점, 부정적 측면)
- I : Interesting(흥미로운 점, 독특하거나 매력적인 점)

이처럼 PMI는 세 가지 측면을 고려하여 어떤 아이디어나 제안에 대해 다양한 측면(긍정적 · 부정적 · 흥미로운 측면)에서 생각하면서 의사결정을 하게 하는 것이다. PMI를 활용하여 아이디어를 평가하면 제안된 아이디어에 대해 좋거나 나쁘다는 평가 이외에 지나치기 쉬운 아이디어의 흥미로운 부분까지 생각해 볼 수 있는 장점이 있다. 흥미로운 점(I)에서 새로운 아이디어의 단서를 얻을 수 있기 때문이다.

PMI 진행 절차는 다음과 같다.

① PMI의 의미를 집단 구성원들에게 설명한다.
② 평가 대상인 아이디어들을 확인한다.
③ 먼저 아이디어가 가지고 있는 좋은 점 또는 강점부터 나열한

다. 강점부터 나열하는 이유는 건설적이고 긍정적인 접근으로 시작하기 위해서다. 이때 M, I를 마음에 두지 않고 P에만 집중하여 각각의 항목을 작성할 때 간섭이 일어나지 않도록 한다.

④ 아이디어의 제한점이나 약점을 생각한다.

⑤ 아이디어가 가지고 있는 독특한 특성을 생각해 본다. 때로는 이러한 특성이 아직 시도된 바 없는 창의적인 아이디어일 가능성이 높다. 그런데 여기서 그칠 것이 아니라, 아이디어의 좋은 점과 흥미로운 점을 약점이나 제한점들이 죽여버리는 일이 발생하지 않도록 하는 방법을 생각하는 것이 중요하다. 즉, '어떻게 하면 이러한 약점이나 제한점을 극복할 수 있을까?'를 구상해 보는 것이다.

⑥ 작성된 각 아이디어에 대한 PMI 내용을 논의한 후 투표로 아이디어를 선택한다.

〈표 2-11〉 PMI 예시

아이디어: 팀 학습 도구를 스마트폰 앱 형태로 개발한다.	
좋은 점(P)	• 팀 학습 시 편리하게 팀 학습 도구를 사용할 수 있다. • 의견 공유가 쉽다.
나쁜 점(M)	• 화면이 작아 함께 보는 것이 불편하다. • 이미 개발해 놓은 프로그램이 많다.
흥미로운 점(I)	• 팀 학습 도구를 진정한 tool로 편리하고 자주 사용할 수 있도록 하는 재미있는 아이디어이다. • 스마트폰을 학습이나 과제를 위해 자연스럽게 사용하도록 하는 시대의 요구에 맞는 흥미로운 아이디어이다.

위험분석

아이디어 선정 과정을 거쳐 만족스러운 해결안이 결정되었어도 좀 더 완성도를 높이기 위해서는 생각해야 할 것이 있다.

> "과연 이 아이디어를 실행에 옮겼을 때 아무런 장애 요인이나 위험은 없는 걸까?"

아이디어를 프로토타입의 형태로 보다 구체화하기 전에 해결안의 실행 과정에서 소기의 목표 달성에 방해가 될 수 있는 장애 요인이나 어려움 등을 생각해 보는 것이다. 이를 통해 해결안의 시행착오를 감소시키는 방안을 마련하거나 장애물이 너무 심각하다면 다른 대안을 모색해야 할 수 있다.

위험분석은 다음과 같은 단계로 진행한다.

◆ 위험(장애) 인식

이미 분석한 정보들을 점검하면서, 예상되는 위험(장애) 요인을 포스트잇에 작성한다.

◆ 위험(장애) 선별

위험(장애) 요인들 가운데 발생 가능성이 높고 중대하다고 판단되는 요인을 세 가지 정도 투표로 선별한다.

극복 방안 모색

파악된 위험이나 장애물을 제거하거나 줄이는 방안을 생각한다. 만약 해결 불가능한 치명적인 위험(장애) 요인이 있다면 그 아이디어는 포기한다.

〈표 2-12〉 위험 요인 및 극복 방안

아이디어	위험(장애) 요인	극복 방안

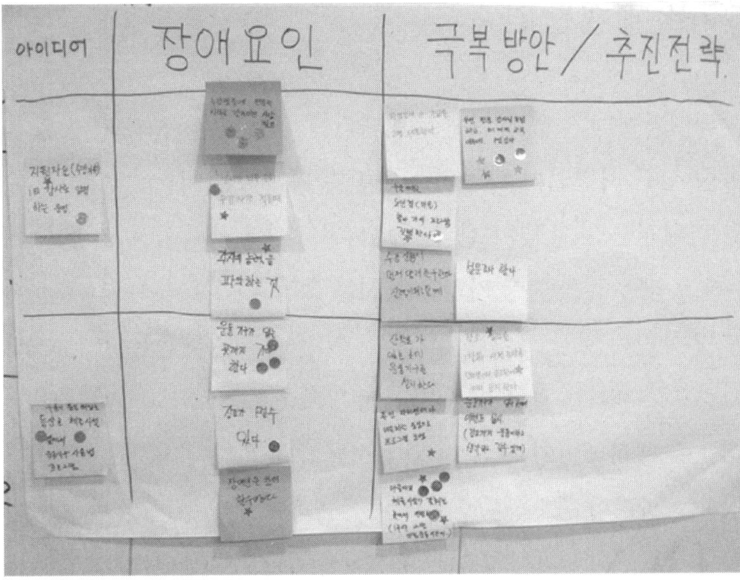

[그림 2-13] 위험분석 예시

Teaching Tip **위험분석을 할 때……**

위험분석을 할 때 팀별로 진행할 수도 있지만, 위험(장애) 요인은 다른 학습팀원들이 포스트잇으로 제시하게 하고 극복 방안은 해당 팀이 모색하게 할 수도 있다.

해결안이나 결과물의 대상자 또는 잠재적 사용자와의 인터뷰를 통해 위험(장애) 요인을 파악할 수도 있다. 이들은 학습팀이 미처 발견하지 못한 위험 요인들을 알려 줄지도 모른다.

가정에 대한 검증

해결안에는 '~하면 ~할 것이다.'라는 어떤 가정을 가지고 있게 마련이다. 해결안이 설득력을 가지기 위해서는 이러한 가정에 대한 타당성을 따져 봐야 한다. 즉, 가정 검증은 결과물의 성공을 전적으로 좌우하는 핵심 가정을 제시한 후 이 가정이 맞는지 사실 여부를 확인해 보는 것이다. 예컨대, 어떤 새로운 제품은 그것을 매력적으로 보이게 하는 몇 가지 가정을 기초로 하고 있다. 따라서 그 제품이 매력적이기 위해선 그 가정들이 유효해야 하므로 이를 확인하는 과정이 필요하다.

실패한 결과물의 대부분은 자신이 생각했던 가정과 현실이 달랐기 때문에 발생한다. 예컨대, 콘텐츠가 고객이 원하는 방향이 아니라거나, 다루기 어렵다거나, 현실적으로 실행에 옮기기 어려운 비용이 따른다거나 하는 등의 이유로 실패한다. 최종 결과물이 현실 타당성을 가졌는지 확인하고 싶다면 간단한 질문을 던져 보면 된다.

"그러한 결론이 기초로 하는 가정은 무엇인가?"
"그 가정이 옳다는 것을 어떻게 알 수 있나?"

이러한 질문들은 해결안에 내포되어 있는 가정을 끌어내어 해결안의 타당성과 완성도를 더욱 높이도록 촉진한다.

새로운 비즈니스 콘셉트를 개발하는 경우, 기본적으로 포함되어야 할 핵심 검증 항목은 다음과 같다.

- 가치 검증: 고객들은 우리 회사가 이익을 남길 수 있을 정도의 가격에 이 제품(서비스)을 기꺼이 구매할 것이다.
- 실행 검증: 우리 회사는 적정한 수준의 원가로 이 제품(서비스)을 생산해서 유통할 수 있을 것이다.
- 경쟁 우위 검증: 이 제품(서비스)은 경쟁자들이 쉽게 따라 할 수 없을 것이다.

이러한 항목들 외에도 확인되지 않은 중요한 사안들에 대해 가정을 생각해 보고 검증하는 절차가 필요하다. 〈표 2-13〉의 양식은 가정을 검증하는 유용한 방법 가운데 하나이다. 학습팀은 해결안이 내포하고 있는 가정이나 추정이 무엇인지, 그것에 대해 어떻게 측정하거나 정보수집할 것인지 작성한다. 이후 검증을 하면 발견한 사실들을 정리한 후 그것들을 결과물에 어떻게 반영할지에 대해 논의한다.

좀 더 간단한 방법으로서 가정들을 작성하는 것만으로도 효과가 있다. 자신들의 가정에 대해 생각해 보고 의문이 든다면 다시 검토할 기회를 주기 때문이다.

〈표 2-13〉 가정 검증 양식

가정	검증 방법	발견한 사실들 (Findings)

[그림 2-14] 가정에 대해 검증하는 모습

가정을 확인하지 않으면 벌어지는 일

어버이날인데 카네이션은 너무 진부하다 싶어 올해는 장미 열두 송이를 주문해 어머니께 보냈는데 얼마 후 어머니로부터 카네이션 잘 받았다는 문자가 왔다. 꽃가게 주인은 어버이날이니 당연히 카네이션일 것이라는 가정을 내리고 주문을 받은 것이다. 이처럼 어떤 일을 추진하거나 결론을 내릴 때 그 속에 있는 가정과 추론을 확인하지 않으면 엉뚱한 결과를 가져올 수 있다.

이런 문제는 과제나 과업에서 흔히 발생한다. 결과물이 어떠해야 한다는 가정을 명확하게 하지 않거나, 자신의 가정이나 예측을 확인 또는 검증하지 않았기 때문이다.

몇 년 전 우리 대학 학생들이 공모전에서 지역 음식 마케팅 전략을 수립한 적이 있다. 마케팅 대상 음식으로는 군산의 간장게장으로 정했다. 그들의 마케팅 전략 가운데 하나가 흥미로웠다. 전국의 파워블로거 10명을 군산으로 초청해서 이들에게 간장게장을 맛보게 한 후 간장게장을 선물로 준다는 것이었다. 이들 파워블로거의 파급력은 강력하기 때문에 이들을 활용하면 매우 효과적인 홍보 효과가 있을 것이라는 기대다.

이 학생들의 머릿속에는 어떤 가정이 있었을까? 아마도 이들은 그 블로거들이 간장게장을 좋아하고, 초대하면 기꺼이 올 것이며, 와서 맛있게 먹은 뒤, 블로그에 홍보해 줄 것이라고 가정한 듯하다. 그런데 과연 그럴까?

출처: 고수일(2021).

5
실행 및 성찰

핵심 POINT

- 실행은 문제해결 능력을 키우고, 피드백을 통해 학습이 이루어진다.
- "우리는 경험에서 배우는 것이 아니라 경험에 대한 성찰을 통해 학습이 이루어진다." – 존 듀이(John Dewey)

실행(최종 결과물)

앞서 언급했듯이 액션러닝의 중요한 특징 가운데 하나는 실제 과제라는 데 있다. 결과물을 단지 교실에서 발표하거나 교수자에게 제출하는 것으로 그친다면 그것은 실제 과제라고 할 수 없다.

과제의 결과물이 실천할 행동과 관련된 것이라면 과제 대상자에게 해결안을 제시하면서 직접 실천하도록 하는 것이 바람직하다. 실행에 옮긴 결과를 확인해야 해결안의 실효성을 확인할 수 있기 때문이다.

만약 당장에 실천하기에 어렵거나 시간이 소요될 경우에는 〈표 2-14〉의 피드백 양식으로 과제 대상자로부터 그 해결안에 대한 피드백을 받는 것으로 대신할 수도 있다.

〈표 2-14〉 과제 피드백 양식

과제 평가서

이번 과제에서 저희 팀이 제시한 해결안(결과물)에 관해 귀중한 피드백을 부탁드립니다.

저희는 제안된 해결안이 실질적으로 효과적인지, 그리고 개선할 부분이 무엇인지에 대한 귀하의 의견을 듣고 싶습니다.

아래 설문에 의견을 주시면 저희가 더욱 나은 방향으로 발전하는 데 큰 도움이 될 것입니다.

소중한 시간 내어 주셔서 감사드립니다.

과제 팀:

1. 해결안(결과물)에서 가장 효과적이라고 생각되는 부분은 무엇이었습니까?

2. 해결안(결과물)에서 보완이 필요한 부분이 있습니까? 있다면 어떤 점입니까?

3. 이 해결안을 실무나 실제 상황에 적용할 때 예상되는 어려움은 무엇이라고 생각합니까? *

4. 이 해결안(결과물) 외에 제안하고 싶은 다른 아이디어나 개선 방향이 있습니까?

5. 추가 의견:

* 유형의 결과물인 경우의 질문: 이 결과물을 실제 사용하게 될 때 예상되는 문제점은 무엇이라고 생각합니까?

유형의 결과물이 있는 과제의 경우에는 잠재 수요자에게 결과물을 보여 주고 피드백 양식을 통해 피드백을 받는다. 만약 직접적인 접촉이 어려운 경우에는 결과물을 블로그나 SNS 등을 활용하여 다수의 외부인에게 공개함으로써 그들의 평가나 반응을 확인할 수 있다.

[그림 2-15] Gallery Walk 형식으로 팀 대표가 돌아가면서 발표하는 모습

성찰

우리의 경험들은 모두 학습 자료다. 그런데 단순히 경험에서 끝난다면 소중한 학습 기회를 놓치는 셈이다. 향후 더 향상된 역량을 가지고 더 높은 수준의 결과물을 개발하기를 원한다면 이 경험이

훌륭한 학습 자료가 될 수 있도록 성찰의 과정을 가져야 한다.

성찰이란 과제 수행 경험을 통해 학습해야 할 점을 더욱 명확히 끌어내는 과정이다. 과제 수행이 어떻게 진행되었는지 되돌아보면서 무엇을 배웠는지, 기대대로 이루어진 점은 무엇이고 부족했던 점은 무엇인지, 앞으로 어떤 점을 보완하고 발전시켜야 할 것인지 등을 확인할 수 있어야 한다.

액션러닝 과제 수행의 경험이 더욱 의미 있는 학습으로 이어질 수 있는 효과적인 성찰은 다음과 같은 절차에 의해 진행할 수 있다.

① 지금까지 수행한 주요 활동들을 포스트잇을 활용하여 한 장에 하나씩 작성한 후 실행 순서대로 나열해 본다.
② 팀원들이 포스트잇에 작성한 활동들을 모은 후 유목화하여 항목별로 소제목을 붙인다.
③ 이제 그 프로세스들과 활동들을 보면서 다음과 같은 질문들에 대해 자기 생각을 말해 본다.
- 이 과제를 수행하면서 프로세스, 방법, 결과 측면에서 무엇을 각각 배웠는가?
- 잘된 점은 무엇인가?
- 아쉬운 점은 무엇인가? 그것을 어떻게 더 효과적으로 개선할 수 있는가?
- 이 과제를 수행하면서 어려웠거나 이해되지 않은 점은 무엇인가?
- 이 과제를 다시 시작한다면 무엇을 달리 하고 싶은가? 그 이유는?
- 만약 당신이 사장이라면 이 제품에 기꺼이 투자하겠는가? 그

이유는?

• 향후 자신이 추가로 학습 또는 개발해야 할 내용은 무엇인가?

Teaching Tip **질문을 통한 성찰**

어떤 유형의 교수법으로 과제를 진행하든 질문은 매우 효과적인 학습 도구다. 예컨대, 학생들이 과제 발표를 마치면 "이 과제를 다시 시작한다면 무엇을 달리 하고 싶은가?"라는 질문을 던져 보라. 그리고 학생들이 무엇을 다르게 하고 싶다고 말한다면 그 이유를 물어본다. 학생들이 과제를 하면서 겪은 시행착오, 실행한 것들 가운데 후회하는 점들을 말할 것이다. 바로 과제를 통해 배우게 된 내용들이다. 이 팀의 발표를 듣는 다른 학습팀들도 이들의 성찰로부터 학습이 이루어질 것이다.

지금까지 수행한 프로젝트 과정도 문제해결 역량을 향상시키는 좋은 학습 기회였지만, 이러한 질문들에 답하는 과정을 통해 그 학습의 깊이가 더욱 깊어질 것이다. 그리고 이러한 성찰을 혼자서 하기보다는, 같이 작업한 팀원들과 함께 하면 서로의 다양한 생각과 경험을 공유하며 배우는 좋은 기회가 된다.

유형의 결과물이 있는 과제인 경우에는 **[그림 2-16]**과 같은 피드백 지도를 활용해 성찰을 진행할 수 있다.

① 팀원들은 결과물의 좋은 점, 개선 사항, 질문, 아이디어를 각각 포스트잇에 작성하여 양식에 붙인다.

② 항목별로 한 사람씩 자신이 작성한 내용을 발표하면서 의견을 나눈다.

좋은 점	개선 사항
질문(의문)*	아이디어**

[그림 2-16] 피드백 지도

* 사용하면서 어떤 의문(궁금증)이 들었는가?(경험 과정에서 나온 의문)

** 경험하면서 떠오른 좋은 아이디어가 있는가?

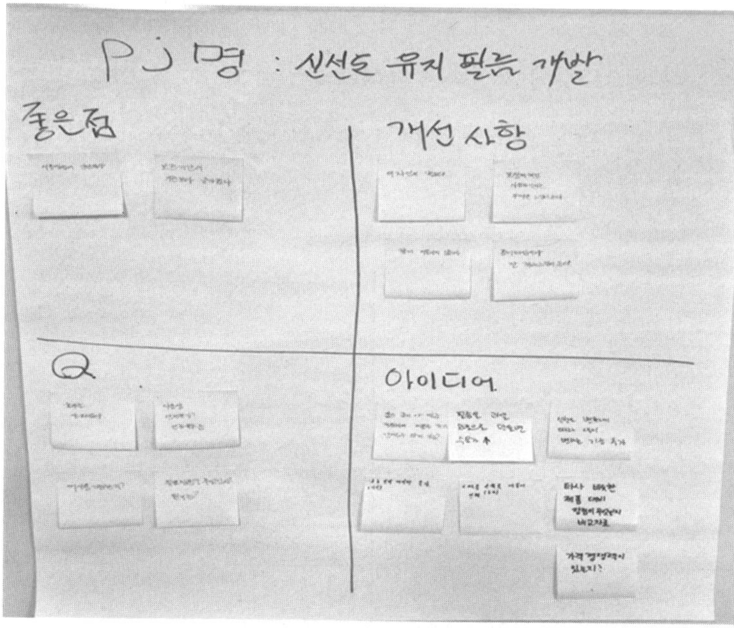

[그림 2-17] 피드백 지도 사례

[그림 2-18] 마무리 성찰 사례

Action

03
액션러닝 실전

액션러닝 수업을 자신 있게 진행하려면 각 단계에서 구체적으로 어떤 활동이 이루어지는지 이해하는 것이 필요하다. 이 장에서는 액션러닝의 단계별 활동을 개괄적으로 살펴보고, 다양한 유형의 과제로 진행된 수업 사례를 소개한다. 이를 통해 교수자는 액션러닝을 효과적으로 활용하는 방법을 익히고, 자신의 교육 맥락에 맞는 전략을 설계할 수 있다.

Learning

1
액션러닝 단계별 활동 개요

지금까지 살펴본 액션러닝 단계별 활동을 교수자와 학습자로 구분해서 개괄적으로 살펴보면 다음과 같다.

문제의 정의

교수자 활동	학습자 활동
• 과제의 주제를 제시한다. • 과제 수행을 위해 학습자가 해야 할 일을 설명한다. • 과제 기술서 양식 배부 후 설명하고, 작성을 지시한다. • 과제 기술서에 대한 피드백을 준다.	• 과제 기술서를 작성한다. • 과제 기술서를 발표한다. • 과제 기술서를 수정 및 보완한다.

과제 주제를 정해야 하는 경우, 학습팀은 간단한 토의를 통해 주제를 정하거나 요구 분석이나 초기 자료수집 등을 통해 주제를 정한다.

과제 기술서 작성 과정에서 교수자는 각 학습팀을 순회하며 질의를 받거나 피드백을 준다.

과제 기술서 작성이 끝나면 교수자가 각 팀에 개별적으로 피드백을 제공할 수도 있지만, 학습팀 간에 상호 피드백을 주고받을 수 있는 기회를 준다면 과제 기술서의 완성도를 높이고 과제 참여 분위기를 형성하는 데에도 도움이 된다. 예컨대, 팀별로 한 명만 남기고 나머지 팀원들은 다른 팀에 가서 설명을 듣고 피드백을 주는 방식이다.

정보수집 및 분석

교수자 활동	학습자 활동
• 정보수집 방법(인터뷰, 자료수집 등)을 안내하고 모니터링한다. • 여러 학습팀의 진행 과정을 모니터링하면서 질문으로 개입하고 필요한 경우 설명을 한다.	• 정보수집 계획을 세우면서 팀원들이 역할을 분담한다. • 정보수집 활동을 한다. • 정보를 분석하고 시사점을 도출한다.

정보수집 방법으로서 인터뷰가 필요한 경우, 교수자는 앞서 언급한 인터뷰 활동 계획 양식을 제시하면서 인터뷰를 준비할 수 있도록 한다.

교수자는 학습팀들의 진행 과정을 모니터링하면서 특정 팀의 아이디어나 상황을 다른 팀에 소개하거나 효과적인 질문을 통해 개입한다.

해결안 도출

교수자 활동	학습자 활동
• 아이디어 도출과 유목화 방법을 안내한다. • 초안을 발표하게 하고 피드백을 준다. • 타당성 검증 방법을 안내한다.	• 아이디어를 도출하고 초안을 만든다. • 초안을 발표하고 피드백을 받은 후 수정 보완한다. • 타당성 검증을 한 후 수정 보완한다.

팀별로 아이디어가 도출되면 학습자 전원이 투표에 참여하여 평가하거나 학습팀 간 상호 피드백을 주고받는 기회를 준다.

결과물이 제작과 관련된 과제의 경우, 프로토타입을 만든 후 잠재 수요자로부터 피드백을 받아 수정 · 보완하는 절차를 여러 번 반복할 수 있다.

실행(최종 결과물) 및 성찰

교수자 활동	학습자 활동
• 결과물을 팀별로 발표시킨다. • 결과물에 대해 피드백하고 성찰을 위한 질문을 던지거나 성찰 양식을 활용하여 성찰을 도와준다.	• 최종 결과물을 완성한다. • 최종 결과물에 대해 과제 대상자로부터 피드백을 받는다. • 최종 결과물과 성찰 내용을 발표한다.

최종 결과물이나 실행에 대한 피드백은 과제의 대상자나 잠재 수요자를 대상으로 받는 것이 바람직하다.

2
액션러닝 수업 사례

액션러닝의 활동기간은 과제의 특성과 난이도에 따라 정할 수 있다. 과목의 특성상 과제에 많은 시간을 할애하기 어렵다면 간단한 수준의 과제를 짧은 기간 동안 수행할 수도 있다.

또한 액션러닝 기간 중 수업 시간을 온전히 액션러닝 과제에만 집중할 수도 있지만 강의를 병행하면서 수업 시간 중 일부 시간만 할애해서 단계별로 진행할 수도 있다.

이제 액션러닝으로 진행한 실제 수업사례를 하나씩 살펴보자. 이들 사례는 액션러닝 과제로 다룰 수 있는 대표적인 과제로서 주요 특성은 다음과 같다.

사례 1: 문제해결형 과제로서 과제 대상자의 행동 변화에 초점을 맞춘 팀 과제

사례 2: 문제해결형 과제로서 학습자 개인의 역량 개발에 초점을 맞춘 개인 과제

사례 3: 문제해결형 과제로서 학습자 개인의 인간관계 변화(형성)에 초점을 맞춘 개인 과제

사례 4: 창조 · 제작형 과제로서 유형 또는 무형의 결과물(창작물)을 만들어 내는 개인(팀) 과제

사례 1 리더십 컨설팅 – 문제해결형 팀 과제

이 사례의 액션러닝 과제는 리더십 컨설팅으로서 특정 조직(회사, 기관, 동아리 등)의 리더(상급자)를 만나 구성원에 대한 리더십 고민을 들어 보고 해결안을 제시하는 것이다. 〈표 3-1〉은 액션러닝이 7주에 걸쳐 이루어진 경우의 진행 과정을 보여 준다.

〈표 3-1〉 액션러닝 수업의 주차별 주요 내용

단계	주차	주요 내용
팀 편성	1	• 팀 편성 및 팀 빌딩
문제의 정의	2	• 목표 대상자 선정 • 목표 대상자에 대한 인터뷰 (수업 후)
	3	• 과제 기술서 작성
정보수집 및 분석	3	• 정보수집 계획, 정보수집 활동 (수업 후)
	4	• 정보분석
해결안 도출 및 타당성 분석	5	• 아이디어 생성 및 해결안 도출 • 타당성 분석 후 수정 보완
실행	6	• 해결안 제시 및 과제 대상자로부터의 피드백 (수업 후)
발표 및 성찰	7	• 최종 보고서 발표 • 액션러닝 활동에 대한 종합 성찰

◆ 문제의 정의(1)

○ 과제의 주제 안내

(교수자) 과제의 주제를 알려 준다: 특정 조직(회사, 기관, 동아리 등)의 리더(상급자)를 만나 구성원에 대한 리더십 고민을 들어 보고 해결안을 제시하기

- 컨설팅 대상자를 선정할 것을 지시한다.

(학습팀) 논의 후 컨설팅 대상자를 선정한다.

○ 문제의 정의를 위한 정보수집

(교수자) 과제해결을 위해 접촉해야 할 사람을 대상으로 현장 방문이나 관찰, 인터뷰 등이 필요하다는 것을 설명한다.

- 어떻게 질문하느냐에 따라 답변자의 답이 달라질 수 있다는 사실을 알려 주고 인터뷰 활동 계획표 양식(〈표 2-7〉)에 인터뷰 질문을 준비하도록 안내한다.

(학습팀) 과제 대상자에 대한 인터뷰 질문지를 작성하고 정보수집 계획을 세운다.

- 수업 후, 학습팀은 인터뷰를 통한 정보수집 활동을 한다.
- 〈표 2-8〉의 인터뷰 활동 결과 보고 양식에 인터뷰 내용을 정리한다.

◆ 문제의 정의(2)

○ 과제 기술서 작성

(교수자) 〈표 2-4〉의 과제 기술서 양식을 배부하면서 인터뷰 내용을 기초로 과제 기술서 작성을 지시한다. 이때 목표 상태에 대한 설명을 하면서 확인 가능한 형태로 목표를 최대한 구체적으로 기술할 것을 안내한다.

(학습팀) 과제 기술서를 작성한다.

(교수자) 학습팀들이 과제 기술서 작성이 마무리되면 발표의 기회를 주면서 피드백을 준다.

- 과제 기술서에 기술된 과제 범위가 적정한지, 목표 상태 등이 올바르게 기술되었는지 확인한다.

* 이때 교실 벽에 과제 기술서를 붙인 후 [그림 3-1]과 같이 Gallery Walk 형식으로 학습자들이 돌아다니면서 의견을 포스트잇에 작성해 붙이도록 하면 참여 분위기 조성에 도움이 된다.

(학습팀) 피드백을 참고하여 과제 기술서를 수정 · 보완한다.

[그림 3-1] 과제 기술서 Gallery Walk

정보수집 및 분석

○ 정보수집 준비

(교수자) 과제 기술서에 부합하는 해결안 도출을 위해 필요한 정보나 지식이 무엇일지 논의할 것을 안내한다. 이때 교수자는 문제해결에 도움이 되는 질문들을 던진다(예: '여러분이 구성원이라면 리더에게 무엇을 기대할까요?' '이 해결책을 제시하기 위해 우리가 학습해야 할 것들은 무엇인가요?').

- 학습팀의 학습 내용이 학습 목표에서 벗어나지 않기 위해 어느 정도 학습 가이드라인을 제시하는 것이 필요하다. 또한 학습자들에게 인터넷 검색으로 쉽게 정보를 수집하기보다는 교재나 전문 서적을 통해 학습하도록 권한다.
- 과제해결을 위해 추가로 접촉이 필요하거나 인터뷰가 필요하다면 준비하도록 안내한다.

(학습팀) 해결안 도출을 위해 필요한 정보, 지식 등을 논의하고 팀원 간에 정보수집을 위한 역할을 분담한다.

(교수자) 학습팀이 계획한 정보들이 학습 목표에 부합하고 과제해결과 관련된 적절한 정보들인지에 대해 피드백을 준다.

- 계획한 정보수집이 학습팀이 기간 내에 학습할 수 있는 정도의 분량인지 확인한다.

(학습팀) 정보수집 계획을 수정 · 보완한다.

- 수업 후 학습팀은 문헌 조사를 비롯한 정보수집 활동을 한다.

○ 정보수집 후 분석

(교수자) 문헌 조사나 인터뷰 등의 정보수집을 기초로 과제해결과 관련된 핵심적인 내용은 무엇일지, 그 내용으로부터 어떤 시사점(무엇이 문제의 핵심인지, 궁극적으로 기대하는 것이 무엇인지 등)을 얻을 수 있을지 작성해 보라고 안내한다.

- 이때 〈표 2-9〉의 양식을 활용할 수 있다.
- 시간이 허락한다면, 학습팀 간 상호 피드백할 기회를 준다.

◆ 해결안 도출

○ 해결안 도출

(교수자) 브레인스토밍을 통해 과제해결을 위한 구체적인 실행 아이디어들을 제시할 것을 지시한다.

- 실행 아이디어는 학습한 정보에 근거하여 도출하도록 안내한다.

(학습팀) 브레인스토밍 등 아이디어 도출 방법을 통해 구체적인 실행 아이디어를 논의하면서 투표를 통해 최종 아이디어를 선정한다.

○ 타당성 분석

(교수자) 학습팀의 해결안 모색이 완성되면 가정 검증 양식(〈표 2-13〉)을 주면서 그 해결안에 담긴 가정들을 써 보고 그 가운데 가정 세 개 정도를 선정하라고 안내한다.

(학습팀) 팀원들은 그들의 해결안이 가지고 있는 가정들을 포스트잇에 작성한 후 투표를 통해 대표적인 가정을 세 개 정도 선정한다.

(교수자) 그 가정들이 맞는지 확인한 후, 필요하면 해결안을 수정・보완하라고 지시한다.

- 시간 여유가 있다면 가정 확인을 위한 조사를 지시한다.

(학습팀) 해결안을 수정 · 보완한다.

◆ 실행 및 성찰

○ 실행

(교수자) 해결안이 최종 확정되면 과제 대상자에게 보여 주고 피드백을 받아 올 것을 지시한다.

(학습팀) 수업 후 해결안을 과제 대상자에게 보여 주고 피드백 양식에 피드백을 받아 온다.

○ 발표 및 성찰

(교수자) 학습팀의 결과물과 과제 대상자로부터의 피드백 내용에 대해 발표시킨 후 성찰을 위한 질문과 함께 성찰 시간을 가진다.

사례 2 역량 개발 – 문제해결형 개인 과제

이 수업의 액션러닝 과제는 학습자 개인이 개발하고 싶은 리더십 역량을 선정한 후 역량을 향상시키는 것으로 문제해결형의 개인 과제다. 〈표 3-2〉는 액션러닝이 8주에 걸쳐 이루어진 경우의 진행 과정을 보여 준다.[1]

〈표 3-2〉 액션러닝 수업의 주차별 주요 내용

단계	주차	주요 내용
팀 편성	1	• 팀 편성 및 팀 빌딩
문제의 정의	2	• 과제 기술서 작성
1차 실행 계획 도출	2	• 1차 실행 계획 도출
실행	3~4	• 실행
성찰 및 2차 실행 계획 도출	5	• 성찰 • 2차 실행 계획 도출
실행	6~7	• 실행
발표 및 성찰	8	• 액션러닝 활동에 대한 종합 성찰

1) 좀 더 자세한 과정은 『액션러닝으로 수업하기』의 부록 액션러닝 수업 시나리오를 참고할 것.

◆ 문제의 정의

(교수자) 과제의 주제를 알려 준다: 자신이 개발하고 싶은 리더십 역량을 한 가지 선정한 후 한 학기 동안 그 역량을 향상시키기

- 각자 리더십 역량을 한 가지 선정할 것을 지시한다.
- 이때 다음 두 가지 방법 가운데 하나를 선택해서 진행할 수 있다.
  ① 리더십 역량의 예시를 나열해 보여 준 후 이 가운데 하나의 역량을 선택하기
  ② 학습팀별로 리더에게 요구되는 중요한 역량 다섯 가지를 선정한 후 발표하게 하고, 이들 가운데 하나의 역량을 선택하기

(학습팀) 각자 관심 있는 리더십 역량을 정한다.

(교수자) 과제 기술서 양식을 배부하면서 과제 기술서 작성을 지시한다. 이때 목표 상태에 대해 설명하면서 목표를 확인 가능한 형태로 최대한 구체적으로 기술하도록 안내한다.

(학습팀) 과제 기술서를 작성한다.

(교수자) 과제 기술서 작성이 마무리되면 학습팀에게 발표할 기회를 주면서 피드백을 준다.

- 과제 기술서에 기술된 과제 범위가 적정한지, 목표 상태 등

이 올바르게 기술되었는지 확인한다.

(학습팀) 피드백을 참고로 과제 기술서를 수정 · 보완한다.

정보수집 및 분석

○ 정보수집 준비

(교수자) 과제 기술서에 부합하는 역량 개발을 위해 조사가 필요한 정보나 지식(학습할 내용)이 무엇일지 생각해 보고 다음 양식을 주면서 작성할 것을 지시한다.

- 이때 학습할 내용의 예를 주는 것이 좋다(예: 리더십 역량이 도전정신이라면, 도전정신을 가진 리더 사례).

리더십 역량	학습할 내용
도전정신	

(학습팀) 위 양식에 각자 작성한다.

(교수자) 이후 벽에 게시한 뒤, Gallery Walk 형식이나 팀 내에서 학습자 간 피드백을 주고받는 기회를 준다.

○ 정보수집 후 분석

(교수자) 학습한 내용으로부터 어떤 시사점(예컨대, 목표역량 개발을 위해 무엇이 필요한지)을 얻을 수 있을지 작성해 보라고 안내한다.

- 시간이 허락한다면 학습팀끼리 상호 피드백을 주고받는 기회를 준다.

해결안 도출

○ 해결안 도출

(교수자) 학습한 내용을 토대로 역량 개발 계획을 세울 것이라고 안내한다. 다음 양식(A4 용지)에 목표로 하는 리더십 역량의 목표 상태와 구체적인 실행 계획을 작성하도록 지시한다.

리더십 역량	목표 상태	1차 실행 계획

(학습팀) 구체적인 실행 계획을 작성한다.

(교수자) 학습자들의 작성이 끝나면 학습팀 내에서 팀원 간에 피

드백을 주고받으며 수정 · 보완할 수 있도록 한다.

- 수정 · 보완이 마무리되면 이제부터 그 계획들을 2주간 실행에 옮긴 후 성찰의 시간을 가질 것이라고 안내한다.

실행 및 성찰

○ 실행

(학습팀) 계획했던 내용들을 2주간 실행한다.

○ 성찰

(교수자) 2주 전 세웠던 실행 계획에 대해 다음 양식(A3 용지)으로 성찰을 진행한다.

팀원	1차 실행 내용	느끼고 배운 점	2차 실행 계획

(학습팀) 학습자들은 팀별로 위 양식에 실행한 내용과 느끼고 배운 점을 각각 한 장의 포스트잇에 키워드 중심으로 간단히 써서 붙인다.

(교수자) 작성을 마치면, 팀별로 각자 2분씩 자신이 쓴 내용에 대해 발표하도록 하고 팀원들은 발표한 팀원에게 2차 실행 계획 아이디어를 포스트잇에 작성해서 양식에 붙이도록 안내한다.

(학습팀) 성찰 내용을 포스트잇에 작성해서 위 양식에 각자 붙인 후 팀별로 성찰을 진행한다.

- 한 명씩 발표가 끝나면 다른 팀원들은 2차 실행 계획에 대한 아이디어를 제공한다.

(교수자) 교수자는 돌아다니면서 성찰 내용을 듣는다.

(교수자) 지금까지의 성찰과 팀원들이 제안한 아이디어들을 기초로 2차 실행 계획을 세우도록 한다. 이때 지난번보다 좀 더 도전적인 목표를 세우도록 제안한다.

(학습팀) 2차 실행 계획을 작성한다.

(교수자) 작성이 끝나면 팀별로 2차 실행 계획에 대해 발표와 피드백을 진행한다.

* 이처럼 '실행 계획 → 실행 → 성찰' 과정을 반복해서 진행할 수 있다. 이러한 과정이 끝나면 마지막에 최종 성찰을 진행한다.

사례 3 인간관계 형성 - 문제해결형 개인 과제

이 수업의 액션러닝 과제는 '한 학기 동안 각자 인생의 멘토로서의 교수님과 친해지기'이다. 이 과제도 모두 개인별로 상대가 다르므로 각자 자신의 목표 인물을 대상으로 계획하고 실행하는 개인 과제형 과제다. 산출물은 학습자 개인이 목표 인물을 대상으로 관계 향상을 위한 시도를 하고 그 향상된 결과를 보여 주는 것이다. 〈표 3-3〉은 액션러닝이 8주에 걸쳐 이루어진 경우의 진행 과정을 보여 준다.

〈표 3-3〉 액션러닝 수업의 주차별 주요 내용

단계	주차	주요 내용
팀 편성	1	• 팀 편성 및 팀 빌딩
문제의 정의	2	• 과제 기술서 작성
1차 실행 계획 도출	2	• 1차 실행 계획 도출
실행	3~4	• 실행
성찰 및 2차 실행 계획 도출	5	• 성찰 • 2차 실행 계획 도출
실행	6~7	• 실행
발표 및 성찰	8	• 액션러닝 활동에 대한 종합 성찰

◆ 문제의 정의

(교수자) 과제의 주제를 알려 준다: 한 학기 동안 각자 인생의 멘토로서의 교수님과 친해지기

- 친해지고 싶은 교수님(지도교수)을 정하라고 안내한다.

(학습팀) 각자 목표 대상자로서 교수 한 명을 선택한다.

(교수자) 과제 기술서 양식을 배부하면서 과제 기술서 작성을 지시한다. 이때 목표 상태에 대한 설명을 하면서 확인 가능한 형태로 목표를 최대한 구체적으로 기술할 것을 안내한다.

(학습팀) 과제 기술서를 작성한다.

(교수자) 팀원 가운데 한 사람씩 자신의 목표 인물과의 관계를 소개하고 팀원들은 사실 확인 질문을 통해 그 사람과의 관계에 대해 이해하라고 안내한다.

- 과제 당사자는 목표 인물과의 목표 상태에 대해 팀원들의 동의를 묻고 필요시 수정 · 보완을 하도록 한다.

(학습팀) 학습팀 내에서 한 사람씩 목표 인물을 소개하면서 목표 상태를 발표한다. 다른 팀원들은 질문을 하면서 목표 상태를 확인하는 등 피드백을 준다.

- 과제 기술서를 수정 · 보완한다.

◆ 1차 해결안 도출

(교수자) 목표 상태에 대한 동의를 마치면 팀원들은 포스트잇에 실행 아이디어를 하나씩 작성해서 당사자에게 제안하도록 진행한다.

(학습팀) 구체적인 실행 아이디어 한두 개 정도를 포스트잇 한 장에 하나씩 써서 과제 당사자에게 준다.

(교수자) A3 정도 크기의 용지를 나눠 주면서 다음 양식을 그린 후, 팀원들이 제시한 실행 아이디어 가운데 자신이 실행에 옮길 만한 아이디어를 포스트잇에 작성해서 붙이라고 지시한다.

팀원	목표 상태	1차 실행 계획

(학습팀) 각자 위 양식에 이름, 목표 상태와 구체적인 실행 계획을 포스트잇에 작성한 후 종이에 붙인다.

(교수자) 1차 실행 계획 작성이 끝나면 팀 내부에서 학습자 간에 피드백을 주고받게 하거나, 벽에 게시한 뒤 Gallery Walk 형식으로 상호 피드백을 진행한 후 수정 · 보완할 수 있도록 한다.

(학습팀) 1차 실행 계획에 대한 피드백을 주고받으며 수정 · 보완한다.

(교수자) 수정 · 보완이 마무리되면 이제부터 그 계획들을 2주간 실행에 옮긴 후 성찰의 시간을 가질 것이라고 안내한다.

실행 및 성찰

○ 실행

(학습팀) 학습자들은 1차 실행 계획을 2주간 실행에 옮긴다.

(교수자) 교수자는 학습자들의 실행을 틈틈이 관심을 가지고 확인하면서 차질 없이 실행을 하도록 촉진한다.

○ 성찰

(교수자) 2주 전 세웠던 실행 계획에 대해 다음 양식(A3 용지)으로 성찰을 진행한다.

• 학습자들에게 이 양식에 실행한 내용과 느끼고 배운 점을 포스트잇 한 장에 하나씩 키워드 중심으로 간단히 써서 붙이도록 안내한다.

팀원	1차 실행 내용	느끼고 배운 점	2차 실행 계획

(학습팀) 학습자들은 성찰 내용을 포스트잇에 작성해서 앞의 양식에 각자 붙인다.

(교수자) 작성을 마치면, 팀별로 각자 2분씩 자신이 쓴 내용에 대해 발표하도록 하고 팀원들은 발표한 팀원에게 2차 실행 계획 아이디어를 포스트잇에 작성해서 제안하라고 안내한다.

(학습팀) 한 명씩 발표가 끝나면 다른 팀원들은 2차 실행 계획에 대한 아이디어를 제공한다.

(교수자) 교수자는 돌아다니면서 성찰 내용을 듣는다.

• 모두 마치면 지금까지의 성찰과 팀원들이 제안한 아이디어들을 기초로 2차 실행 계획을 세우도록 한다.

(학습팀) 2차 실행 계획을 작성한다.

(교수자) 작성이 끝나면 팀별로 2차 실행 계획에 대해 발표와 피드백을 진행한다.

* 이처럼 '실행 계획 → 실행 → 성찰' 과정을 반복해서 진행할 수 있다. 이러한 과정이 끝나면 마지막에 최종 성찰을 진행한다.

1차 모임에서 실행 계획을 세워서 실행한 후 2차 모임의 모습이다.
학습팀은 A3 용지에 팀원들의 이름, 실행 계획, 실행 내용, (실행을 통해) 배운 점을 포스트잇에 작성해서 붙인 후 팀원들끼리 돌아가면서 발표하고 있다. 2차 실행 계획을 다시 한다면 같은 방식으로 반복할 수 있다.

사례 4 창의적 문제해결 – 창조 · 제작형 개인(팀) 과제

이 수업의 액션러닝 과제는 학습자 개인이 관심 있는 문제를 해결하거나 결과물을 산출하는 것이다. 〈표 3–4〉는 액션러닝이 7주에 걸쳐 이루어진 경우의 진행 과정을 보여 준다.

〈표 3–4〉 액션러닝 수업의 주차별 주요 내용

단계	주차	주요 내용
팀 편성	1	• 팀 편성 및 팀 빌딩
문제의 정의	2	• 주제 선정 • 잠재적 사용자에 대한 인터뷰 (수업 후)
	3	• 과제 기술서 작성
정보수집 및 분석	3	• 페르소나 작성 • 공감지도 작성 (수업 후)
	4	• 정보분석
해결안 도출 및 타당성 분석	5	• 아이디어 생성 및 해결안 도출 • 타당성 분석 후 수정 보완
실행	6	• 프로토타입 제작 • 해결안 제시 및 과제 대상자로부터의 피드백 (수업 후)
발표 및 성찰	7	• 최종 보고서 발표 • 액션러닝 활동에 대한 종합 성찰

◆ 문제의 정의(1)

(교수자) 과제의 주제를 알려준다: 한 학기 동안 각자 유형의 결과물(아이템 개발)을 얻고 싶은 주제를 선정하여 결과물을 산출하기(교과목과 관련된 산출물이 있다면 이를 선정)

- 과제 주제를 선정할 것을 지시한다.

(학습팀) 각자 관심이 있는 주제를 정한다.

(교수자) 팀원 간에 자신의 주제를 소개하고 의견을 주고받도록 안내한다.

(학습팀) 학습팀 내에서 한 사람씩 자신의 주제를 발표하고 의견을 주고받는다.

(교수자) 구체적인 목표 상태를 비롯하여 문제를 정의하기 위해서는 잠재적 수요자를 비롯한 주요 인물들을 대상으로 정보를 수집할 필요가 있다고 설명하고 인터뷰 활동 계획 양식(〈표 2-7〉)을 제공하며 작성하도록 안내한다.

- 이때 필요한 정보의 숫자를 '최대 여덟 개' 등으로 선정해서 효율적인 인터뷰가 되도록 안내할 수 있다.

(학습팀) 인터뷰 활동 계획 양식을 작성한다.

(교수자) 작성이 마무리되면 인터뷰 후 주요 내용을 간단히 정리해 오라고 지시한다.

◆ 문제의 정의(2)

○ 과제 기술서 작성

(교수자) 과제 기술서 양식을 배부하면서 인터뷰 내용을 기초로 과제 기술서 작성을 지시한다. 이때 목표 상태에 대한 설명을 하면서 확인 가능한 형태로 목표를 최대한 구체적으로 기술할 것을 안내한다.

(학습팀) 과제 기술서를 작성한다.

(교수자) 학습자들이 과제 기술서 작성이 마무리되면 학습팀 내에서 팀원 간에 발표하면서 상호 피드백을 주고받도록 안내한다.

- 과제 기술서에 기술된 과제 범위가 적정한지, 목표 상태 등이 올바르게 기술되었는지 확인한다.

(학습팀) 팀원들은 돌아가면서 자신의 과제 기술서를 발표하고 질의응답을 한다.

- 팀원들의 피드백을 참고하여 각자 자신의 과제 기술서를 수정 · 보완한다.

◆ 정보수집 및 분석

○ 정보수집 준비

(교수자) 문제해결이나 유형의 결과물을 만들어 내기 위해 공감이 왜 필요한지 설명한다.

- 공감을 위한 도구로서 먼저 페르소나를 작성하도록 안내한다.

(학습팀) 페르소나를 작성한다(페르소나를 발표할 기회를 줄 수 있음).

(교수자) 공감지도 그리는 방법을 설명한 후 다음 시간까지 공감지도를 완성하도록 안내한다.

* 시간의 여유가 없다면 공감지도 그리는 과정은 생략할 수 있다.

○ 정보수집 후 분석

(교수자) 학습자들이 작성해 온 공감지도를 발표하게 하면서 학습팀 내에서 질의응답을 주고받도록 안내한다.

(학습팀) 학습팀 내에서 돌아가면서 각자 작성해 온 공감지도를 발표한다. 팀원들은 질의응답을 하면서 아이디어를 준다.

(교수자) 공감지도를 통해 얻은 핵심적인 내용은 무엇일지, 그 내용으로부터 어떤 시사점(무엇이 문제의 핵심인지, 궁극적으로 기대하는 것이 무엇인지 등)을 얻을 수 있을지 작성해 보라고 안내

한다.

- 포스트잇 한 장에 하나의 아이디어씩 최소 3장을 써 보라고 한 후 팀원 간에 피드백을 주고받도록 할 수도 있다.

(학습팀) 시사점을 각자 작성한 후 팀원 간에 피드백을 주고받는다.

- 학습팀 전체가 다른 팀들을 돌아다니면서 의견을 제시할 수 있는 기회를 제공하면 더욱 좋다.

* 필요하다면 추가 정보수집을 계획한 후 정보수집 활동을 할 수도 있다.

◆ 해결안 도출 및 타당성 분석

○ 해결안 도출

(교수자) 아이디어 도출 방법을 소개하고 진행시킨다(이 수업에서는 브레인라이팅 방법을 사용함).

(학습팀) 팀 내에서 한 사람씩 해당 주제에 대해 소개한 후 브레인라이팅을 통해 아이디어들을 포스트잇에 적어 제공한다. (팀별로 진행)

- 한 주제에 대한 아이디어 도출이 끝나면 아이디어들이 적힌 포스트잇을 떼어 큰 전지에 붙인 후 유목화한다.
- 투표를 통해 아이디어 가운데 결과물에 반영할 만한 아이디어들을 선별한다.

○ 타당성 분석

(교수자) 실행 아이디어들이 선별되면 위험분석 양식을 주면서 위험분석을 실시하도록 안내한다. 학습팀의 해결안 모색이 완성되면 가정 양식을 주면서 그 해결안에 담긴 가정들을 써 보고 그 가운데 대표적인 가정을 세 개 정도 선정하라고 안내한다.

(학습팀) 팀원들은 위험분석 양식에 의해 아이디어에 대한 장애 요인을 작성한 후, 각 장애 요인에 대한 극복 방안을 작성한다 (장애 요인은 다른 팀원들이 작성하고 극복 방안은 각자 자신이 작성하게 할 수도 있음).

* 시간이 허락한다면 가정에 의한 타당성 분석을 추가로 실행하게 할 수도 있다.

실행 및 성찰

○ 실행

(교수자) 지금까지의 실행 아이디어들을 기초로 프로토타입을 만든 후 잠재 수요자로부터 피드백을 받아 올 것을 지시한다.

(학습팀) 프로토타입을 제작한 후 잠재 수요자로부터 피드백을 받아 온다.

* '프로토타입 제작 → 피드백 → 수정 프로토타입 제작' 과정을 반복할 수 있음

○ **발표 및 성찰**

(교수자) 학습자의 최종 결과물과 잠재 사용자로부터의 피드백 내용에 대해 발표시킨 후 성찰을 위한 질문과 함께 성찰 시간을 가진다.

고수일(2021). 창의적 문제해결. 박영사.

장경원(2023). 프로젝트기반학습으로 수업할까?. 학지사.

장경원, 고수일(2010). 액션러닝으로 수업하기. 학지사.

장경원, 성지훈(2012). 문제중심학습의 소집단 구성방식에 대한 대학생들의 인식. 학습자중심교과교육연구, 12(4), 231-260.

장경원, 장선영, 김연경, 김주영(2019). 디자인싱킹을 적용한 교육과정 설계 및 운영 가이드라인 개발. 중앙교육연수원.

저자 소개

고수일(Ko, Sooil)

한국외국어대학교를 졸업한 후, 프랑스 Paris IX-도핀대학교에서 D.E.A(박사기초학위)를 받고 Paris I-소르본대학교에서 인적자원관리 박사학위를 받았다. 현대경제연구원 연구위원을 거쳐 현재는 전북대학교 경영학과 교수로 재직하고 있다. 액션러닝의 러닝코치로 활동하면서 리더십과 액션러닝 교수법, 창의적 문제해결, 퍼실리테이션 기법 등을 강의하고 있다. 전북대학교 최우수 수업상, 경영학부 최우수 강의상을 수상하였고 2012년 SBS 대학 100대 명강의로 선정되었다.

주요 저서로는 『프레임으로 이해하는 조직과 경영』(2판, 박영사, 2024), 『쉽게 이해하는 조직행동』(2판, 박영사, 2023), 『창의적 문제해결』(박영사, 2021), 『창의적 리더십이 교육과 세상을 바꾼다』(공저, 학지사, 2017), 『성공적인 조직생활 전략』(소리내, 2015), 『액션러닝으로 수업하기』(2판, 공저, 학지사, 2014), 『멀티프레임』(공저, 지필미디어, 2012), 『프레임 리더십』(2판, 명경사, 2008) 등이 있다.

액션러닝 매뉴얼
수업 설계와 진행을 위한 길잡이
Action Learning Manual

2025년 7월 10일 1판 1쇄 인쇄
2025년 7월 15일 1판 1쇄 발행

지은이 • 고수일
펴낸이 • 김진환
펴낸곳 • ㈜학지사
04031 서울특별시 마포구 양화로 15길 20 마인드월드빌딩
대표전화 • 02-330-5114 팩스 • 02-324-2345
등록번호 • 제313-2006-000265호

홈페이지 • http://www.hakjisa.co.kr
인스타그램 • https://www.instagram.com/hakjisabook

ISBN 978-89-997-3456-4 93370

정가 15,000원